Segue

音楽とともに生きた
家族の物語

松浦友紀 編
Yuki Matsuura

Parade Books

プロローグ

平成五年三月、兄弟と一緒に祖母・石森たみ枝の遺品整理をしていた母・公子が、一冊のノートを見つけました。そこには祖母の嫁入りから戦争末期までの話が手書きで綴ってありました。

「今日は偶然にも七月九日である。即ち昭和二十年七月九日は、私たちにとっては忘れることのできない仙台大空襲の日である。思い出をたどってこの記事だけは、皆で是非記憶に残しておきたいことである。完全な記憶ではないかもしれぬが。」

祖母が昭和四十四年に書き留めた戦争の話は、空襲の後に一家が疎開するところで終わっています。母は祖母の手記をワープロに入力して兄弟に渡し、

「ノートに十七ページ、青い万年筆で書いてありました。文章もまあうまいし、字もなかなかの達筆なのは皆もよくご存知のとおり。この後がないのが本当に残念です。二十数年も前に書いていたと思われますが、子どもである私たちの知らない昔のことが少しでも書いてあってよかったと思います。この続きは、私にもおぼろげに記憶が残っています。いつか機会をつくって、皆で昔を思い出してこの続編を記録してみませんか。」

と呼びかけました。

その翌年、結婚して大阪に住んでいた私は、夫と二人で鳴門に住んでいる母の姉夫婦の所へ二泊三日で遊びに行きました。伯母（元子／多江）が車で駅まで迎えに来てくれて、渦潮や阿波踊りを見に連れていってもらい、仕事や将来についての悩みまで聞いてもらいました。

大阪に帰る日の朝、栄養バランスの整った御膳を用意してくれた伯母は、

「朝ごはんはいりません。」

と言う夫に朝食の大切さを諭し、

「チーズなら食べられるでしょ。」

と夫が好きなチーズを食べさせた後、

「後で読んでみな。」

とホチキスで留めた二枚の紙を私にくれました。

伯母はいつも明るく元気でさっそうとして、仕事とボランティアに奔走し、一見障がいがあるようには見えません。リウマチで関節に変形があり、少し足を引きずって歩くのは知っていましたが、いつも面倒を見てもらうばかりで伯母の話をちゃんと聞いたことはありませんでした。帰りの電車の中で読んだ二枚の紙は、伯母が「障害者と仕事」というテーマで自分のリウマチとの歩みを綴った手記のコピーでした。その時から私の生き方が変わりました。

その伯母が急逝してから十六年後の平成二十七年、母に何気なく伯母の手記の話をすると、

読んだことがないと言います。さっそくコピーを送ると、

「えー、これは初めて見た。姉ちゃんもこうやってちゃんといろいろ書き残してくれてたんだね。」

と言って、祖母も手記を残していたことを教えてくれました。弟妹たちは当時幼かったので、疎開の頃のことを覚えているのは自分だけになってしまったと、母は改めて責任を感じたようでした。それから母は一冊の青いノートに祖母の手記の続きを書き始め、五人の弟妹たちにもそれぞれの生い立ちを聞き、

「一緒に育ったのに、結構お互いのことって知らないもんなのよ。一通りざっと書いてまとめておいたから。」

とそのノートを私に託しました。

石森家の三人の女性が残した手記と家族の思い出話を紡いで、この本が出来上がりました。

「痛い痛いと言って何もしないでいても治りはしない。どうしてもやらなければと思って踏み切る。」

そんな伯母と家族の生き方を伝えることで、たくさんの人が勇気づけられることを心から願っています。

令和六年　松浦　友紀

プログラム

第一楽章　母

第三楽章　家族

石森家紹介

石森繁　父。石森家の跡継ぎとして祖父母に育てられる。結婚後、洋楽好きが高じて中古レコード店を開き、家族の音楽の教養を育んだ。

たみ枝　母。戦火を強く生き抜き、七人の子どもを産み育てた。本書を綴るきっかけとなったノートを記す。

元子　長女。リウマチを患い学校を中退するも、独学でさまざまなことを学び、音楽教室を開く。本書に引用した家族新聞『てるてる新聞』の作者。

公子　次女。得意のピアノ伴奏で将来を切り拓いていく。たみ枝のノートを見つけ、その続きを記し、兄弟に本書の執筆を呼び掛ける。本書編集者の母でもある。

幹朗　長男。小学四年生の頃からヴァイオリンを習い、中学・高校とブラスバンド部を

設立。東北大学工学部に進学するものの、中退して音楽で生計を立てる。

義茂　次男。幹朗と同じく、学生時代はブラスバンド部の部長として活躍。東北大学で心理学を専攻し、児童相談所で働く。

千重子　三女。アルバイトで忙しい兄姉の代わりに、台所のお手伝いをよくした。一九歳の時に、家族も驚く大胆な行動に出る。

久美子　四女。幼い頃からヴァイオリンを弾き、元子の音楽教室のきっかけとなる。本書のために小学生の時につけていた日記を提供する。

照朗　三男。戦後に歳の離れた末っ子として生まれ、『てるてる新聞』発行のきっかけとなる。兄姉からさまざまな影響を受けて育つ。

第一楽章

母

一九三二年（昭和七年）～
一九四五年（昭和二十年）

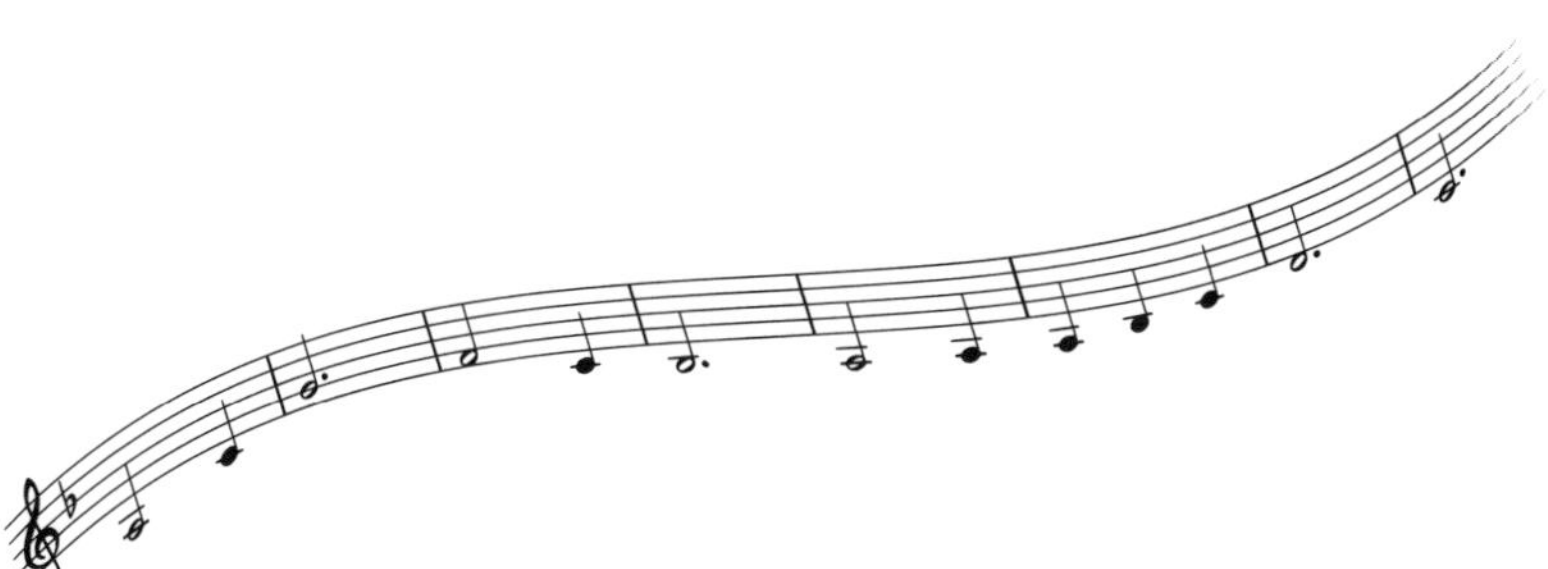

新小路

たみ枝の手記より

昭和七年八月一日、曇り。大暑にしては涼しく過ごしやすい日でした。確か金九十円ぐらいだったと思いますが、まだ十八歳の私はそれを大事に持って、「出入り始め」という形式で石森家に嫁に来ました。その頃の九十円といえば、中流家庭の一ヶ月分ぐらいのお給料に相当する金額です。主人の石森繁は十歳年上で、大学出身と聞かされていました。もちろん信じていましたが、当時は東一番丁の足袋屋の店員で、お給料は三十円。小学校の女性教師の初任給が三十五円ぐらいでしたから、わずかなものです。

それでも田畑もあるし家もあるので困らないとのお話でした。石森家はもともと仙台藩の士族で、新小路五番地に七百坪ぐらいの土地と五十何畳の大きなお屋敷を持つ財産家です。敷地内には二軒の貸家もあり、その一軒の六畳と八畳二間の家が私たち夫婦の新居となりました。

お米と味噌と梅干しは、母屋に住んでいる叔母のところへもらいに行きます。叔母とは主人のお父さんの妹で、嫁ぎ先で未亡人になり、五人の子どもとお姑さんを連れて石森の実家に帰ってきた後、主人のたった一人の後見役となりました。私から見ればお姑さんみたいなものです。叔母の意見は、叔母のお姑さんや息子に対しても絶対的なもので、大した権力でした。それに加え、叔母は小笠原流の礼法の先生でもあり、高い誇りを持っていました。そこへ普通のサラリーマン、しかも船乗りの一介の娘にすぎない私が来たのですから、大家に女中が来たようなものです。

そんな状況なので、私は夢中になって働きました。すると必然的にお腹が空きます。食事は主人と二人で隣の自分たちの家で食べるので、遠慮なくどんどんいただきます。何しろ三十円のお給料が私の手に十五円しか渡されないので、自然とあるものだけに頼ることになり、たちまちお米と味噌と梅干しがなく

新小路五番地の屋敷の庭園の一部（大正三年撮影）

なってしまいます。お米が空になった缶を持って母屋に行き、おそるおそる、

「お米いただきます。」

と叔母にお願いすると、

「あまり食べすぎやしないか?」

とすぐ返ってきます。私は泣きたいくらいですが、石森家の田のお米と聞かされているので、何と言われても腹を据えて、

「はい、すみません。」

でもらってきます。

近所に針生八百屋という店があって、私は教えられるままによくそこで買い物をしました。石森家の田の小作をやっていた人が、弟に小作の方を譲って出した店だそうで、必ずまけてくれました。

「奥様、大変でしょうね。」

と、事情をわかっているのか、よく慰められたものです。

一ヶ月も半ば過ぎると、十五円也の生計費はなくなってしまいます。持ってきた少しばかりのお金は私の予備費だと思い、手をつけたくありませんでした。そこで何とかならないかと家の中を見回すと、一間の押入の中に内外国の映画の本がいっぱい詰まっています。さっ

そく主人の了解を得て、袋張りを決心しました。生麩《しょうふ》は安いし、紙代はただ。夜主人が帰ってくるのは十一時頃なので、私が叔母の家から下がるのとだいたい同じ時間です。それから二人でお茶、そして袋張り、しまいには話をしながら主人も手伝い、百枚張る毎に金六円也で針生八百屋に買ってもらいました。その六円が隣の公設市場でちょうどサイダー瓶一本のお醤油に化けるのです。毎晩夢中で張りました。外国雑誌の紙は質が良くて判も大きいので、値段も倍で買ってもらうことができます。これがいろいろなおかずに化けて助かりました。もちろん叔母には絶対内緒でした。

そのうち主人と話し合い、三十円のお給料がなぜ私に十五円しか手渡されないのか、やっとその理由がわかりました。主人は私と結婚するにあたり、下着を月賦で全部新しく買い替えたのです。それに本代もありました。結局、支払いが済んで三十円のお給料が全部私に渡されるまで、何ヶ月もかかりました。それでもお給料日には十銭で四つの生菓子を買ってきてくれて、袋張りの後のお茶は私の唯一の楽しみでした。

叔母は主人の後見役でありながら、結局私たちの結婚には何も用意してくれませんでした。新しかったのは、ごはんを食べるための小さなテーブルと蚊帳だけ。布団も米国で肺病にかかって亡くなったお義父さんのものでした。金具のついた古い整理ダンスのようなものが一つ置いてあって、主人のものはだいたいその中に入っていました。ある日叔母が来て、一番

下の引き出しから風呂敷包みを出して、

「これはお兄さんの履いた靴下で、穴があいてるからうちではもう履かないから、繁に繕って履かせなさい。その上の引き出しには着物も背広も入ってる。皆お兄さんのお下がりだが、もったいないから繁に繕って着せなさい。」

と言いました。口惜しさが込み上げてきましたが、お金もないので何とも仕方なく、いただいてはお下がりばかり着せていました。

お兄さんなる人は叔母の長男で、主人より一つ年上です。銀行に勤めていてパリッとして、お酒をよく飲み、夜休む枕元に毎夜ビールが置いてありました。帰りは芸者さんに送られてくることも珍し

新婚当時の繁とたみ枝

くありません。どうしてこう差別するのか、口惜しくても私の力の及ぶところではありませんでした。

もともと石森家はいつの代からかギリシャ系のロシア旧教で、主人も結婚する前まではクリスチャンでした。幼い時に洗礼を受け、ダニエルという洗礼名もあります。また、石森家は禁酒同盟なども作ったらしく、主人は酒はもちろん、たばこも一切飲みません。叔母には事あるごとに、

「酒も飲まずたばこも飲まないような人は出世しない。」

と言われましたが、何をもって出世とするかは別として、私は酒やたばこを飲めない主人を尊敬していました。

元子

たみ枝の手記より

嫁入り一年目にして無事入籍を済ませ、妊娠七ヶ月の私はお産のため、塩釜の実家に帰ることにしました。第一の理由は、やはり叔母のもとで泣く日が多かったこと。その他に財産上のことでごたごたが起きて、私はいない方がよいと判断したこともあります。ともかく昭和八年十月に長女、元子を出産しました。四キロ近い大きな赤ちゃんでした。

出産後一ヶ月してから仙台に帰ると、お産の合間に叔母たちは袖振丁《そでふりちょう》に引っ越し、五十何畳かの母家は空き家になっていましたが、私たちは元の貸家へ戻りましたが、その貸家は山内家もう一軒の貸家の方は土地百坪付きで売りに出ていました。間もなく針生八百屋の仲介でその貸家は山内家に売り渡され、代金は叔母の借金の返済に充て、これでやっとごたごたが一段落つきました。

ところで困るのは母屋です。五十何畳とお便所二つ、離れ屋敷付きの大きな家なので、やはり貸して、家賃で食べていく決心をしました。当時、主人は足袋屋も辞めて、定職がありませんでした。貸家の札を張り、決まった借り手は県のお役人で文書課長。家賃は二十五円です。ところが、その文書課長なる人なのですが、後になって収賄事件で刑務所に入っていることがわかりました。そのため家賃をもらったのは最初だけで、あとは全然取れませんでした。

非常に見栄を張る家で、年頃の娘さんが二人いました。いわゆるモダンガールです。今日は東一番丁でボーイハントをする、この前は何遍往復したとか言って、主人と一緒に足袋屋で働いていた斉藤さんまで姉の方に完全に参ってしまい、笑い話になりました。何かあると若い男女のお客さんが何人も来て、料理店からコックまで呼ばれて何様のパーティーみたいな日が何度もあり、ダンスレコードが聞こえ、まるで別世界のようでした。そして二十五円の家賃はとうとう取れず、思案に

余って追い出してしまいました。

そこでいろいろ考えたあげく、そんな家は壊した方がよいということになりました。上染《かみそめ》師《し》町《まち》に主人のお父さんの弟が住んでいて、その叔父に相談の末、私たちの住む三十坪ばかりの家と四軒の貸家を新築することにしました。資金は前に百坪付きの貸家を売って叔母の借金を払った残金に加え、土地を担保に銀行から借金をしました。貸家はすぐに借り手がつき、家賃もきちんと入り、これで生活は一応安定したように見えますが、その後がまた大変でした。入ってくる家賃は生活費ぎりぎりです。それに借金の利子に追われ、元金の方はまったく減りません。主人はといえば、職を探そうともせず、日当たりのよい縁側で毎日「人生とは何ぞや」の本ばかり読んでいるので、私のヒステリーはたびたび爆発するのでした。

公子

たみ枝の手記より

二人目のお産は、予定日が二月十四日でした。ちょうど時節柄二月十一日は紀元節で、建国祭が毎年盛大に行われます。学校では「雲にそびゆる高千穂の」と祝歌を歌い、お祝いに紅白のお餅が配られたりします。祝賀式の後は旗行列、夜は提灯行列というお祭りで、国の祝日なのでもちろんあらゆる所はお休みです。

私は日頃から十四日の予定日が十一日になったらいいのにと密かに願っていました。ちょうど寒い時期で、屋根には八日夜からの大雪で一尺以上の雪が積もり、それがだんだんかたくなって屋根を覆っていました。十日の午後に妹が来て、

「姉さん、明日紀元節なんだけど、産まれそうもないね。」

と言うので、私は、

「きっと産んでみせる。」

などと裏付けのない返事をしていました。その夕方のことです。台所の戸を開けた途端、その振動で屋根の上の雪が落ちてきて、私の腰に直撃したのですからたまりません。結局そ

のショックでお腹が痛み出し、とうとう翌朝四時、すなわち見事紀元節に次女の公子を出産しました。

ところがお産の費用が全然なく、主人がお父さんの形見の原語のシェイクスピア全集を古本屋に持っていき、それでやっとお産婆さんに支払いました。まったくもって後から考えると、もっと何とかならなかったものかと自分ながら悔やまれます。

さて、お産の時のことですが、離れの六畳間を産室にしたものの、東南西ともに戸や窓が開く部屋なので、寒さがことのほか厳しく身にこたえました。仕方なく、能舞台に使う大きな松が描かれた金銀箔張りの屏風二双を出してきて、それをもったいなくも寒さよけに回したのですから大したものです。石森家に代々伝わるもので、かなりの価値があるとのことで

たみ枝と公子

した。

お産が終わると、主人はその金銀屏風を惜し気もなく仙台ホテルに売ってしまい、そのお金で東一番丁の成電社にすばらしく性能の良い電気蓄音機を造らせました。それまではもちろん手回しの蓄音機でしたが、当時は仙台で電蓄を持っている家庭など、ごくわずかしかなかったはずです。その金銀屏風は、後に喜多流十四世宗家の喜多六平太さん、いわゆる「家元」に引き取られたと聞きました。詳しいことはわかりませんが、とにかく大したものであったことだけは確かです。

その頃、貸家の一つに村田のお金持ちの息子の新婚夫婦が入り、そこの応接間がちょうど私たちの家の茶の間と

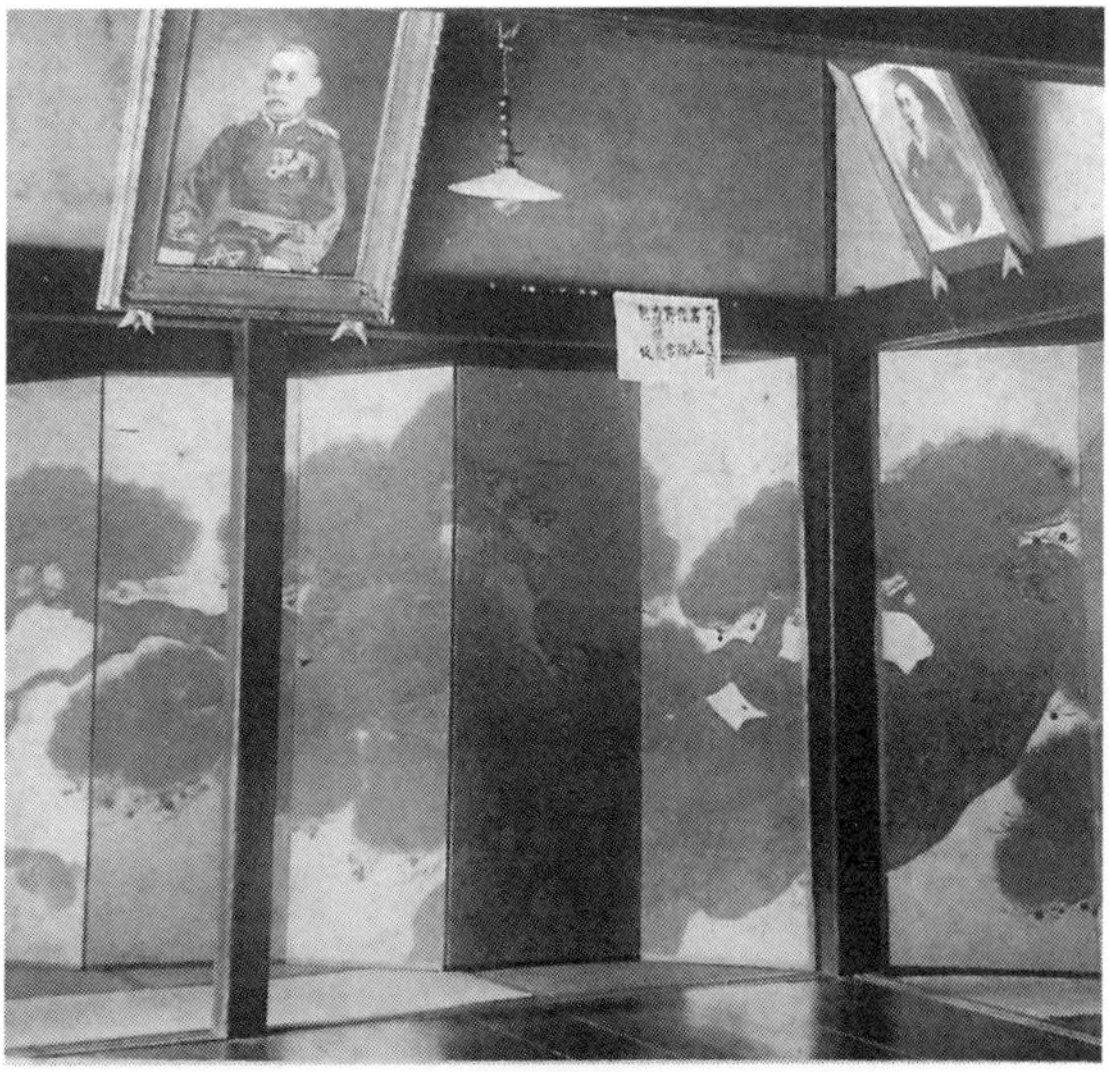

石森家の金銀屏風と繁の祖父季勝の肖像画（大正三年撮影）

向かい合っていました。ある日、クラシックの音楽が聞こえてきて、そのあまりのすばらしさに曲名を聞きに行ったら、「ラロのヴァイオリン協奏曲」だと教えられました。さっそくレコードを買ってきて、毎日掃除や洗濯をしながらこの曲を聴いていました。

春になると、両親と二人の妹が塩釜の実家を引き払い、新小路に引っ越して来ることになりました。父、細谷常次郎は広島の港町、尾道出身の船乗りで、三陸汽船に勤めて塩釜～東京間の貨物船の機関長をしていましたが、退職して塩釜に住む必要がなくなったのです。娘よりも孫がかわいくて仕方がないようで、私たちが前に住んでいた裏の貸家が細谷家となり、だいぶ賑やかになりました。

左から元子、繁、細谷常次郎

細谷常次郎と「第二三陸丸」

左からたみ枝の母うたと公子、妹の登美江とみつ枝、たみ枝、繁と元子

私と音楽

たみ枝の手記より

私は幼い頃から大の音楽好きでした。といっても当時はラジオもなく、映画館のジンタが私にとっては唯一の音楽でした。映画館はわりと家の近くにあって、映画は一日一回、夕方六時頃から始まります。映画が始まる時間が近づくと、宣伝のために楽士が何人かでロビーに出てきて、「天然の美」などを演奏して客寄せするのです。その演奏が「ジンタッタ、ジンタッタ」と聞こえることからジンタといいます。それが大好きで、よく聴きに行きました。

塩釜にはわりとお金持ちが多く住んでいましたが、ピアノなんて見たことも聞いたこともありませんでした。小学生の時、町の有力者から小学校にピアノが寄付されて、初めてピアノという楽器を知りました。そのお披露目会で男子生徒がピアノを弾いたのですが、その曲がなんと、「おれは河原の枯れすすき」で始まる船頭小唄だったことが忘れられません。

それから、年に何度くらいだったかは覚えていませんが、着物に袴姿の若い男の人が、ヴァイオリンを持って御釜神社の境内にやって来ました。ヴァイオリンを弾いて歌を歌い、たちまち人垣ができます。その歌詞が書いてある本を売りに来るのですが、私はまだ小さかったので、その本を買ったことはありません。

その頃の蓄音機といえば、もちろん手でゼンマイを巻いてレコードを回転させるものですが、あまり普通の家庭では持っていませんでした。私の父が大好きで買ったのですが、レコードは浪花節や琵琶、落語などばかりでした。知人の家によく貸し出されて、家に戻ってくる時にはレコードが一枚、お礼に増えていたものです。当時、仙台に行けば楽器店なるものはあったのですが、お金のあまりない私の生活には関係ないものと思い、中には入ったこともありませんでした。

後に仙台の清水小路にある、和洋裁縫が中心の東北女子職業学校（1）に通うようになってからの話ですが、ちょうど藤崎の向かい角に西内楽器店という大きな店があり、レコードを街に流していたので、よく寄り道をしてウィンドウの前で聴いていま

細谷常次郎

した。レコードを買うお金もないし、もちろん親には内緒なので、歌詞と音符の書いてある楽譜だけを買い、そのウィンドウで歌を覚えて楽しんだものです。

洋楽に出会ったのは、いわゆる巡回映画のようなもので、観客の中央に映写機があり、そのそばに手回しの蓄音機を置いて、映画の伴奏に「ドナウ河の漣《さざなみ》」や「波濤《はとう》を越えて」をかけていました。私は映画などそっちのけで、音楽の方に夢中になってそばを離れませんでした。その後、仙台の藤崎の一階にあった玩具売り場で、直径二十センチくらいのおもちゃのレコードの両面に「ドナウ河の漣」と「波濤を越えて」が入っているものを見つけ、二十五銭で喜んで買ってきた覚えがあります。これが初めて楽しんだ洋楽でした。

それからお琴の先生がわりと近くにいて、私はその音のとりこになりました。お稽古のある日はその家の近くから離れられず、時間も忘れて夕方まで聴いていたものです。後で学校を卒業してからやっと習わせてもらいました。好きこそもののなんとやらで上達が早かったものの、琴歌が嫌いで、「六段の調」、「八段の調」、「千鳥の曲」などを覚えたらやめてしまいました。

動機はよくわかりませんが、お琴と入れ替わりの形で今度は三味線を習い始めました。もちろん唄の方は苦手なので伴奏専門です。はじめは端唄で、先生は近所に住む芸者あがりのおばあさんでした。これも好きこそもののなんとやらで、上達が早くカンが良いと師匠のところに連れていかれ、そこで本格的に長唄を習いました。その師匠というのもおばあさんで、芸者さんを仕込む人なので礼儀作法も厳しく、嫁に来るまで続けました。仙台に来てからも、ちょうど貸家に松田さんという子どものいない長唄好きの夫婦がいて、一緒に師匠を呼んで習ったりしたものです。

当時仙台で行われる音楽会といえばハーモニカを中心としたバンド演奏で、会場は西公園の仙台市公会堂や東一番丁の大一楽器店二階にあるホールでした。ハーモニカは簡単に手に入り、唯一誰でも楽しめる楽器でした。音楽会ではジャンルにこだわらず演奏され、よく洋楽も取り入れられたので、たびたび聴きに行ったものです。

（1）現・三島学園。

名楽堂

たみ枝の手記より

主人は相変わらず何の職にも就かず、生活費は貸家の家賃だけで何とかやりくりしていました。でも借金は一向に減らず、私のお腹には三人目が入っていて、このままいつまでも無職というわけにはいきません。主人は私以上に音楽が好きで、レコードだけがどんどん増えて、家にたくさん積み重なっていました。そのたまったレコードを見て、

「これ売ったら?」

から始まって、ついに中古レコード店を始める決心をしました。

さっそく店を元寺小路九十五番地に見つけ、資金に四軒の貸家と土地を売って充てることにしました。店の二階が住まいになっているので、家は幼年学校の特校に貸し、家族四人で元寺小路に引っ越しました。間もなく長男の幹朗が生まれ、子育てと店の準備に追われて大変です。そこでしばらくの間、家のことはふじのさんというお手伝いさんにお願いすることにしました。

店は東三番丁と東四番丁の間にあり、周りにはたくさんの店が並んでいて場所もよく、め

でたく開店となりました。「名楽堂」といって、何しろ東北でただ一軒の中古レコード店です。しかも洋楽のレコードを主に扱っていたので遠くの方からも引き合いがあり、ときどき店だけでは品薄になって東京に仕入れに行ったものです。もちろん新しいレコードも扱っていました。

当時としてはユニークな店でした。その頃のレコード店は、どこでも店員が注文されたレコードを取り出してお客様に渡す方法で、店内に商品が並んでいるわけではありませんでした。それをお客様が自由にレコードを手にとって見ながら選べるようにしたのは、名楽堂が東北では最初です。

店は天井が高くてガラス扉も大きく、向かい側に「みどり館」という三階建ての和風旅館があり、店の裏手がその別館となっていました。店と西隣の江戸タンス屋との間にみどり館別館に抜ける通

路がありましたが、その通路に面した西側もガラス戸なので、店全体がわりと広く見えました。

店の中は、中央にレコードが立て並べてある台があり、その上にはいつもお花がたくさん活けてあって、その隣には金魚鉢もありました。そのお花を持ってきてくれるのは結城花屋さんといって、店は宮町の東照宮の近くにあったようですが、行ったことはありません。よい人でした。西南と東側は斜面のレコードの飾り棚になっていました。

店の奥の一角には一坪くらいの試聴室があ

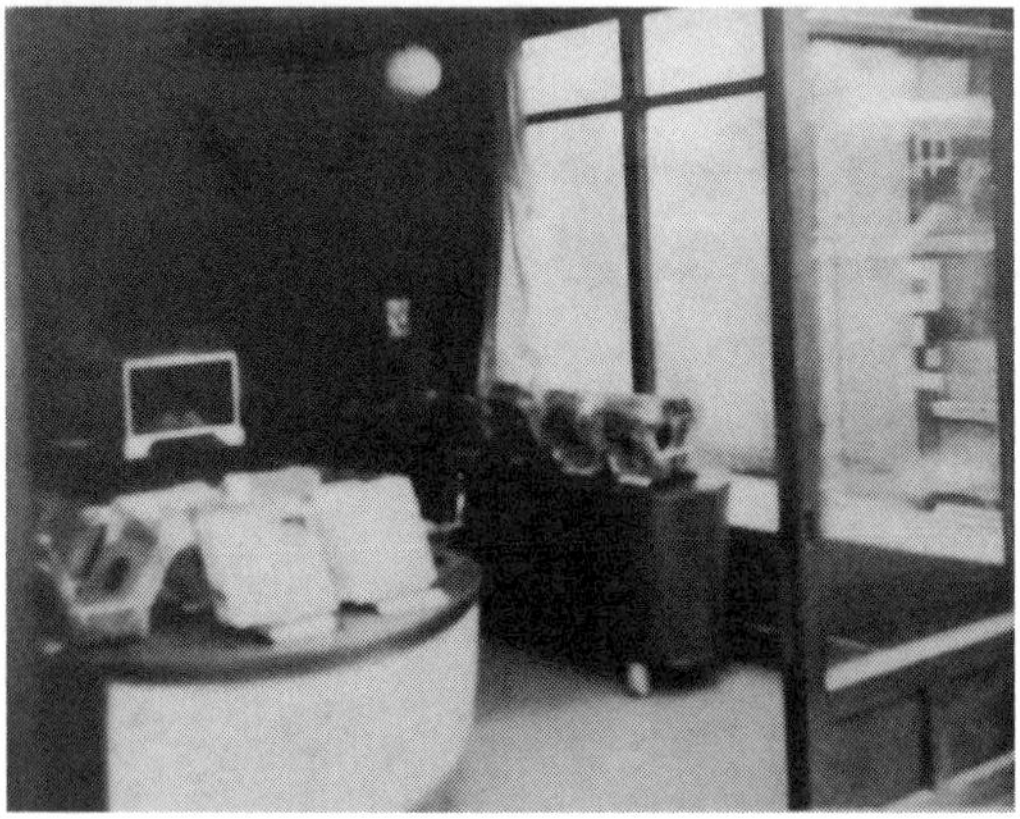

り、電蓄とふかふかの椅子が置いてあって、一輪挿しや絵なども飾ってありました。お客様が見えると紅茶をいれて、ボンボンと一緒に出して接待します。洋楽が主なのでお客さまも上等で、とても楽しいものでした。

閉店後はよく子どもたちと好きなレコードを聴きました。同じ曲でも演奏者と指揮者の違うレコードを何種類も聴いたりして、だんだんその違いなどもわかるようになっていきました。

家族写真、左はふじのさん、後ろは友人の斉藤四士男さん

ヨハンナ先生

公子の手記より

昭和十五年、木ノ下に新しく聖ウルスラ修道院ができて、カナダ人の修道女たちがピアノや外国語、料理などを教え始めました。お母さん（たみ枝）は週に一回、四歳になったばかりの私と姉ちゃん（元子）を連れてバスで修道院に通い、ピアノを習わせてくれました。ヨハンナ先生は薄いオレンジ色のメガネをかけたきれいな先生で、日本語を流暢に話します。お手本に弾いてくれるピアノがすばらしく、とてもやさしくて教え方も上手でした。姉ちゃんはその前からピアノを習っていたので上達も一段と速く、いつも私よりずっと難しい曲を習っていました。

お母さんは私たちのレッスンの間、同じ修道院で料理やお菓子作りを習っていました。お母さんは乳製品が嫌いで、バターも牛乳も食べられません。それなのにクッキーやケーキの作り方を覚えては、家でもおやつに焼いてくれました。

秋になると二人目の弟、義茂が生まれて六人家族になりました。二軒隣に森山写真館があったので、よくそこに頼んで家族写真を撮ってもらいました。子どもたちもちゃんときれいな服を着せられて、いつも一人ずつ撮ってもらいます。できてきた写真はお母さんが店のウィンドウの上のところに飾るので、そこにはいつも子どもたちの写真がずらっと並んでいました。

五歳になると、カトリック系の幼稚園に入園しました。姉ちゃんも通った幼稚園です。姉ちゃんが通っている東二番丁尋常小学校は、この年から東二番丁国民学校に名前が変わりました。相変わらず毎週楽しみにしながらヨハンナ先生のところへピアノを習いに行っていましたが、その年の十二月、日本軍が真珠湾を攻撃して太平洋戦争が始まってしまいました。ヨハンナ先生は母国カナダの命令で帰国しなければならなくなり、ご自分のピアノを名楽堂に預けて帰られてしまいました。ピアノのレッスンは、ヨハンナ先生のお弟子さんで親戚でもある清水道子さんに引き継がれ、姉ちゃんと二人で清水先生の自宅に通うようになりました。弟の幹朗も四歳になると、私たちと一緒にピアノを習い始めました。

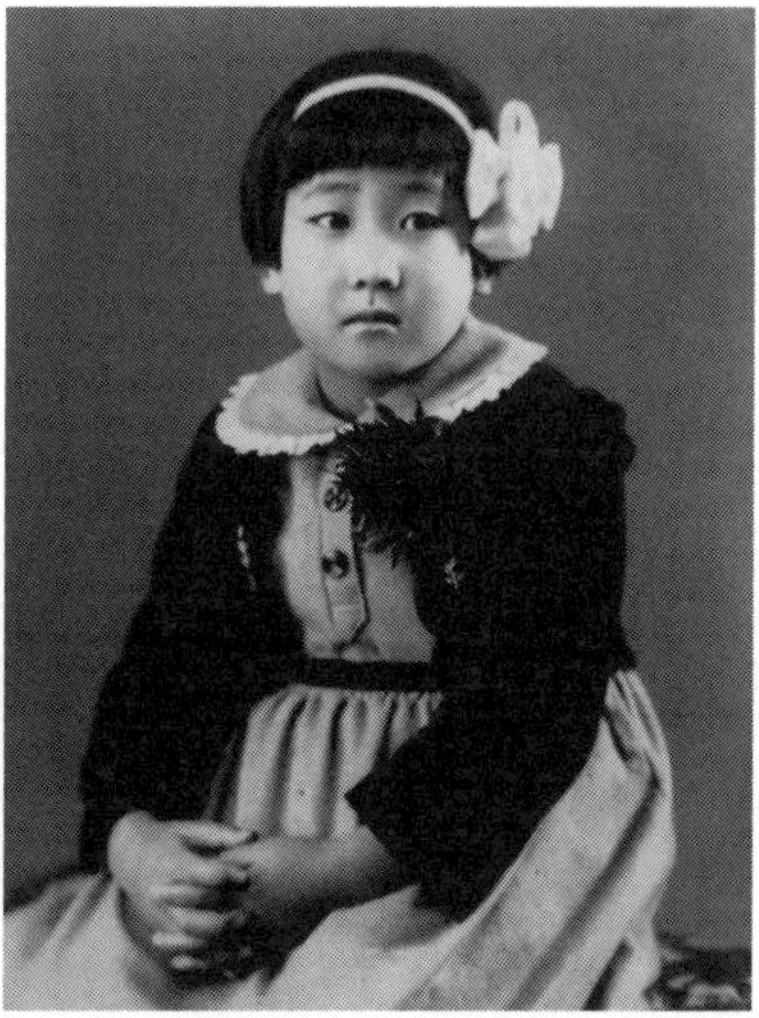

元子

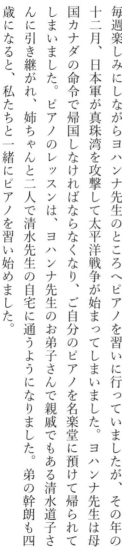

昭和十七年春、東二番丁国民学校に入学して一年生になりましたが、耳が悪かったせいか養護学級みたいなところに入れられました。四歳の時に中耳炎とはしかに同時にかかり、中耳炎の方に気づかずに手遅れとなって手術をしてから、右耳がまったく聞こえないのです。入学式の日にお母さんが、

「うちの子はトイレが近いですから。」

と先生に言っているのを横で聞いていましたが、その意味がわかりませんでした。その養護学級の教室がトイレから一番近いところにあったので、とにかくトイレに近いクラスに入れられたのだと思いました。二年生までその養護学級で、三年生からは普通のクラスに入り

斎藤報恩会博物館で左から公子、義茂、幹朗

ました。でも耳が悪いので、机はいつも一番前です。学校にはプールがありましたが、もし左耳に水が入って両方の耳が聞こえなくなってしまったら大変ということで、私はプール禁止でした。

学校から帰るといつもクラシックの音楽が流れていて、お母さんはお客さんに紅茶を出したりして働いていました。名楽堂はとても上品な店で、中にはレコードがずらっと並んでいて、いつもきれいにお花が飾ってあります。店の真ん中にはストーブがあって、そのそばにソファが置いてあるので、寒い時はいつもそこに座って暖まりました。ソファの上で姉ちゃんと二人で重なってふざけていたら落っこちて、お母さんに危ないと怒られたこともあります。

新小路のおじいちゃんとおばあちゃんの家にはよく遊びに行きました。庭には鶏小屋があって、おばあちゃんが茶色の鶏を何羽か飼っていました。よく赤い卵を産んで、それを生で食べたり、おばあちゃんに焼いてもらったりします。産まれた卵にはおばあちゃんが鉛筆でその日付を書いて、

「食べる時は、日付の古い卵から食べるんだよ。」

と教えてくれました。

おばあちゃんはもともと秋田の出身で、秋田こまちと呼ばれた美人さんです。函館で育ち、

実家は茜谷の屋号で呉服屋を営んでいましたが、昭和九年の函館大火で焼けてしまったと聞きました。息子の小林豊を連れておじいちゃんと結婚した後、東京でお母さんを産み、塩釜に引っ越してからもう二人女の子を産みました。小林のおじさんは宮城県工業学校を卒業して台湾に就職し、次女の登美江おばちゃんは結婚して別に世帯を持ち、学校の先生をしていました。三女のみつ枝おばちゃんはまだ独身で、おじいちゃんたちと一緒に住んでいました。他に大学生が二人下宿していて、夏になるとよく呼ばれて大学生たちに怪談を聞かせられ、それはもう怖い思いをしました。

左からたみ枝、小林豊、登美江、常次郎、みつ枝、うた

配給

たみ枝の手記より

榴ヶ岡にある陸軍歩兵第四連隊のところからわりとまっすぐな道のため、店の前は大勢の兵隊さんたちの通り道で、軍靴の音とその後に残る汗臭さが嫌なものでした。

昭和十八年一月、ついに国から米英音楽の追放命令が出て、敵国のレコードはかけることも売ることも禁止になりました。中古レコード店なので買い取りもしていましたが、それからも米英レコードを売りに来るお客さんがいて、そんなものは割って捨てるようにと説明して帰ってもらわなければなりませんでした。クラシック音楽自体は同盟国のドイツやイタリアのものが多いので禁止になりませんでしたが、この頃の音楽といえば戦争をたたえる軍歌などばかりで、洋楽のレコードなど売れるわけがありませんでした。

ちょうど主人が元寺小路第一公会の副長だった関係で、その事務所を店の中に置いていたので、商売とは別に忙しい毎日でした。公会とはいわゆる隣組制度のことで、仙台では地域ごとに公会が設けられ、その下にさらに十戸ぐらいずつの隣組がありました。物資の配給、防空演習、出征兵士の見送り、金属回収など、戦時中のことはなんでも公会と隣組を通してすることになっています。物資とは主に食物、木綿布、糸などです。衣料などは切符制で、交付された切符の中から必要な点数分を切り取って代金と一緒に渡さないと、何も買うことができないようになっていました。

三女の千重子が生まれて子どもが五人になりましたが、戦争はひどくなる一方です。秋にはそれまで兵役が免除されていた学生まで戦場に送り出されるようになり、主人も多賀城に新しくできた海軍工廠に徴用となりました。いわゆる軍需工場で、海軍が使う機銃や弾丸を製造するのです。階級で差をつける軍隊のことですから、主人は大学出という肩書きがものをいって、一般の工員ではなく、ずっと上の会計の方を担当することができました。おかげで体はわりと楽でした

徴用になった繁

し、待遇もよかったので幸いでした。

朝六時の電車に乗って出かけるので、私は毎朝四時に起きてごはんを炊かなければなりません。ごはんはもちろん蒸しかまどで炊くので煙は出ませんが、火の煙やお風呂の煙も外に出してはいけないので、何事も穴倉のような中でする生活です。

そしていよいよ本土空襲が始まりました。昭和十九年の暮れには塩釜で空襲があり、翌年三月の東京大空襲の時には仙台にも敵機が来て、飛行場の辺りに焼夷弾を落としていきました。警報のサイレンがたびたび鳴るようになり、それもよく夜中に鳴るので皆寝不足の状態です。幹朗は四月から一年生になり、公子が四年生、元子が六年生で東二番丁国民学校に通っていましたが、もはや勉強どころではなく、疎開する家も増えてきました。

空襲で焼かれるのは決まって市街地だと聞いていました。新小路の貸家を空けてもらえないかと交渉していましたが、固辞されてどうにもなりません。せめて応接間にピアノだけでも置いてもらえないかとお願いしましたが、それも断られてしまいました。

空襲

たみ枝の手記より

七月九日は明け方に降った雨も止んで、朝からよいお天気でした。そう暑くはなかったと記憶しています。子どもたちを学校に送り出し、ちょうど朝食の後片付けが終わった頃でした。四軒目の砂糖問屋、小林さんの奥様に呼ばれ、卵が手に入ったから分けてあげると言うので、ざるを持っていきました。

小林さんの奥様とは塩釜にいる時にすぐご近所でした。第一高女(1)出身の才媛で、私より三つくらい年上だったと思います。とにかくすべて切符制、配給制なので、卵や海苔などは一般では絶対に手に入らないぜいたく品でした。それを小林さんの奥様はよく私に分けてくれて、卵は一度に二十個や三十個、海苔も一度に百枚くらい手に入り、新小路の両親のところにも運んでやったものです。

その卵を買って帰る時、

「奥様、今度防空壕ができたから見てください。」

と言われました。縁側の前の庭をつぶしたそうで、畳が敷いてあり、立派にできたと誇らしげです。でもお金持ちのすることですから、拝見したところで私たちにはまねもできないので、中は見ませんでした。

　ちょうどその時、警戒警報のサイレンが不気味に鳴り渡りました。それっと言って急いで帰り、五歳の義茂と二歳の千重子に防空頭巾をかぶせ、食料袋などを持って防空壕に入りました。私のところの防空壕はただ土を掘って支柱を立てただけで、小林さんのところのものとは比べものにもなりません。それに私の家だけでなく、隣の吉田耳鼻科と裏のみどり館別館との共同のものなので、皆で入ると満員になります。中に入っていても気が気ではありません。主人は責任があるので防空壕には入らず、敵機の見張りなどでずっと外にいるのです。そのうち間もなく警報解除のサイレンが鳴り、ほっとして蒸し風呂のような防空壕から出ました。

　学校に行っていた子どもたちも間もなく帰り、夜は灯火管制下の状態で夕ごはんを食べました。つまり窓という窓には皆ござをかけたり、巻き上げ式の黒い厚手の紙で覆ったりして、家の中の電気の光は絶対外へ漏れないようにしなければならないのです。

　でも冷蔵庫には氷も入っていて、中には大きい魚のソーセージが一本手をつけずにありました。もちろん電気冷蔵庫ではなく、上の段に氷のかたまりを入れて下の方を冷やす仕組みのものです。その冷蔵庫の隣には米沢味噌の入ったかなり大きい味噌がめが置いてあり、梅干しもありました。台所の床の下はコンクリートの地下室になっていて、ストーブ用の石炭や炭のほか、普段あまり使わない昔からある瀬戸物などが入っていました。

その夜は何となく虫の知らせでしょうか、子どもたちは皆、下の店の続きの六畳間に早めに寝かせました。私たち夫婦は二階に上がり、光が漏れないように工夫をした電灯のもとでアルバム整理を始めました。するとちょうど十時頃にまたも警戒警報、続いてすぐに空襲警報が鳴りました。お昼のサイレンがちょっと音程を落として、何遍も何遍も続いて鳴り渡るのです。慌てて下に降りて子どもたちを起こし、支度をさせて防空壕に入れ、私も入りました。やがて間もなく解除になり、ほっとしてまた子どもたちをパジャマに着替えさせ、また下に寝かせました。私はまた二階に上がり、ラジオに聞き耳を立てながらアルバムの続きを貼っていました。

十一時半を過ぎた頃でしょうか、警戒警報もないのにラジオでB29が仙台方面に向かっていると言うので、びっくりしてすぐまた下に降りて子どもたちを起こし、先ほどと同じように支度させました。他の子どもたちは慣れてもいることなので着替えも早くできましたが、義茂だけはどうしても起きず、服を着せるのにも手こずりました。あとで考えてみると大した時間でもなかったのかもしれませんが、その時は私も無我夢中です。

いつもなら主人が義茂をおんぶして逃げる手はずなのですが、主人は公会の責任を感じて表に出たままで、向かいの桶家に落ちた焼夷弾を消そうとしてバケツで水を運んでいます。風呂桶などを作って売っている店なので、いつもかんなくずがたくさん落ちていたせいか、ものすごい火柱です。到底バケツの水などで消えるものではありません。それになんと、慌てた主人が手に持っているバケツは底が抜けているのです。大声で主人を呼んで、すぐに義茂を背負わせ、さらに頭から毛布をかぶせ、逃げることを提案しました。

元子は向かいの桶家が燃えているのをきれいだとでも思ったのか、店の前で恐ろしさもわからずに見物しています。公子は日頃から言われているとおりに着られるだけの物を着て、自分の持つ物はちゃんと持ち、そばで私が動くのを待っています。幹朗はやはり店に出て、桶屋が燃えるのを見物しています。

私は千重子に着せられるだけ着せ、自分も夏だというのにセルの単衣に長襦袢を着て千重子を背負い、その上に丹前を着て、もちろん綿の入った防空頭巾もかぶり、敷布団だったか掛布団だったかは覚えていませんが、とにかく布団をかぶりました。こんないでたちで子どもたちを連れ、表が燃えているので土足のまま、主人は長靴、私は足袋裸足という農業用のものを履いて、畳の上を裏口に回りました。防空壕の前にはすでにたくさんの焼夷弾が落ちていて、チョロチョロと燃えています。もちろんそんな防空壕の中に入る気は全然ありませんでした。とにかく逃げることに夢中で、逃げ切れる自信はあるかなどと考える余裕もありません。

元寺小路と大仏前《おぼとけまえ》の角に常陽銀行の支店があり、そこまでは一丁もなくほんの四、五軒目なのですが、そこの角にも焼夷弾が落とされてチョロチョロと燃えていました。もちろん道路に落ちたからチョロチョロなのであって、可燃物の上ならすぐ火事になることはわかりきっています。非常に恐ろしい威力のあるものだと、いつも訓練の時に教わっていました。その恐ろしい焼夷弾を子どもたちも一緒に足で踏みつけたり飛び跳ねたりして角を曲がった途端に、空からB29の編隊がものすごい音を立ててやって来て、また焼夷弾の雨を降らせたからたまりません。

銀行の向かい角が秋山洋服店、その隣が高橋ブリキ店でした。焼夷弾で頭を直撃されてはたまらないので、皆で声を掛け合ってそのブリキ店の中に避難しました。もちろん土足のままです。伏せの形でしばらく待ち、敵機がいなくなった頃を見計らってまた外に出ました。走って大仏前の坂を上って行くと、先ほどの敵機が落とした焼夷弾なのか、ちょうど坂の中央のところの西川先生のお宅が盛んに燃えています。奥様が第一高女の先生で、ご主人もどこかの先生で、よく名楽堂に遊びにいらしてました。狭い道路なので、皆で決死の思いで通り過ぎました。

そこを抜けると育英中学校です。敵機の音がしなくなり、私はここで初めて疲れが出ました。それまで夢中で走り通したせいか、もう歩くこともできず、思わずうずくまってしまいました。皆はと思って前方を見ると、主人と一緒にもう一丁ほど先に行ってしまっています。追いつく元気などなく、私はもうだめだと思いました。

　そこへ向かいに住んでいる小久保さんのご主人がやって来て、私に力をつけて逃げるようにと声を掛けてくれました。やはり子どもを一人おんぶして大きな布団を頭からかぶっていましたが、重いからとその布団をその場に投げて走って行きました。私もやっとの思いで立ち上がりましたが、心臓がドキドキ、息がハーハーしてとても苦しく、走るどころか歩くのが精一杯です。実はこの時、私のお腹には七ヶ月の赤ちゃんが入っていたのです。そして千重子をおんぶして、しかも布団をかぶっていたのでした。

　幸い敵機の音がしなかったので、本当にそろそろと逃げて行く人たちの後ろからついて行きました。よく見ると、前にいた家族の皆が途中で待っていてくれました。そこでやっと合流できたのも束の間、またB29の編隊のうなり声が耳を襲い、夢中で近くの家に飛び込みました。かなり大きなお屋敷でしたが、もう皆逃げた後で誰もいませんでした。後で聞いた話ですが、その時のB29が同心町、それから育英の辺りに油の入った焼夷弾をたくさん落とし、その油が一面に飛び散って大変な燃え方だったそうです。そのため、私たちの後から来た人たちはその道路を渡ることができず、たくさんの方が亡くなったと聞きました。私たちは運がよかった方です。

　それからまたどれくらい走ったでしょう。気がついた時には東照宮の前の梅田川のところまで来ていました。空にはＢ29と照明弾の音と光が飛び交い、もう生きた心地がしません。ちょうどそこにあった農家の軒下の広い庭先で土の上にひれ伏し、そのままどれくらい時間がたったでしょうか。気がつくと、私の家の者ばかりではなく、たくさんの人が同じように同じ思いで伏せの姿勢でじっとしていました。ところが地面が冷たいので大変です。私はお腹が痛くて、といってもお産の状態ではなく、つまり下痢症状でどうにもなりません。千重子をいったん背中から降ろそうかとも思いましたが、続くＢ29の音にそれどころではなく、結局意志の強さか困った時には我慢ができるもので、どうにか治まりました。

　その庭の前には梅田川が流れ、小さな橋がかかっていました。その橋の向こうは東照宮の奥の山の方になっています。皆同じようにその橋を渡りたいのですが、すぐそこなのになかなか渡れません。敵機の切れ間を待って、十人ぐらいずつわたわたと急いで渡るのです。うちの家族も何遍も名前を呼び合いながら、ようやく向かい側に渡ることができました。小さな川を一つ渡っただけなのに、なぜかほっとして安全地帯にいるような気がして、そこからはもう走りませんでした。後で考えてみると何とも不思議です。皆と家が焼けてしまったことや、皆けががなくてよかったことなどを語り合いながら、どれくらい山道を歩いたのか見当がつきませんが、辺りにはもう誰もいませんでした。

(1) 宮城県立第一高等女学校、現・宮城県宮城第一高等学校。

焼け跡

たみ枝の手記より

夜が明けてきて初めてそこに一軒の家を見つけました。私はお腹も痛いし急に疲れが出て歩けなくなったので、その家の縁側を借りてかぶっていた布団を敷き、ひとまず子どもたちを寝かせました。とても親切な奥さんで、まずよくこの小さい子どもたちを無事に連れてきたものだと驚いていました。そこの縁側からは仙台の街がよく見えました。もちろん盛んに燃えています。でもB29の爆音はもう聞こえません。朝になったのです。本当にほっとしました。家が焼けたのはうち一軒だけではないので、不思議と何とも思いません。そのうちそこの奥さんが朝ごはんをごちそうしてくれました。そのキャベツのみそ汁の味もありがたいことの一つでした。

さて落ち着くと、新小路の両親のことが心配になりました。逃げただろうとは思いましたが、家が焼けたかどうかです。そこで主人が様子を見てくることになりました。戻ってきた主人によると、両親も妹たちも助かって無事とのこと。親の家も貸家の方も焼けませんでした。さっそく皆でお礼を述べて、ひとまず新小路に行くことになりました。大勢でお世話になったので奥さんにいくらかのお礼を渡しましたが、もちろん辞退されたのでした。

山道を降り、昨夜決死の覚悟で渡った橋をもう一度渡ってまっすぐ行くと、ちょうど北六番丁国民学校の前に出ました。改めて振り返り、しばし橋の方を眺めました。北六番丁の角のところに小さな店があったので何気なくのぞくと、しらす干しを売っていました。大喜びでたくさん買いましたが、このしらす干しが後で大変役に立ちました。

新小路の家に着くと、借主の阿部さんが気の毒がって、すぐに家を明け渡してくれました。とにかく何もないので家ばかりがらんとして大きく、さっそく物に困りました。裏の両親が布団や食器から蚊帳まで皆貸してくれましたが、結局はそのままいただいてしまいました。そのうち六軒丁に時限爆弾が落ちて不発なので立退くようにとか、どこそこにもあるとか不穏な話が多々ありましたが、幸い悪いことは起こりませんでした。

するとと今度は千重子が、

「おうちへかえる。」

と泣き出しました。いくら皆で言っても聞くものではなく、仕方なしに私は彼女をおんぶして、主人と一緒に元寺小路に向かいました。お天気がよくカンカン照りで、おまけに途中はまだところどころ燃えている家もあるので汗でびっしょりです。近道のため茂市ケ坂《もいちがさか》を通りましたが、道幅が狭い上に片方がまだ燃えているので、やっとの思いで通り抜けました。

元寺小路に下りると、もうどこがどこやらわからないくらいの有様です。隣の吉田耳鼻科の建物は絶対燃えない材料でできているから、空襲の時はその建物を目当てにすればよいと、よく公会の集まりの時に言っていたものですが、その建物も形がありませんでした。いかに激しかったかがわかります。千重子も背中でもう何一つ言いませんでした。店の中に入ってみましたが、とても熱くてだめです。ヨハンナ先生のピアノの焼け跡がきれいでもの悲しく、レコードは重なったままの姿で灰になっていました。私の三味線三丁とお琴二丁も皆焼けてしまいました。台所の下の地下室は石炭が入っているので盛んに燃えていましたが、水一つあるわけでもなく、どうすることもできませんでした。その日は知っている人にも会わず、そのまま家に帰りました。後から小林さんの奥様もご家族も亡くなられたと聞きました。

するとその夜、また空襲警報が鳴り、その頃から雨が降り出してきました。昨日の恐怖が残っているので、真っ暗の中ですぐに支度をして子どもたちを連れて逃げました。雨はますます強まってきましたが、傘などもちろんないし、雨よりもB29が恐ろしく、とうとう陸軍墓地まで来たところで警報が解除になりました。真っ暗闇のぬかるみを、またぬれながら歩いて家に帰りました。

この日、とても悲しい事実を知りました。この頃の父はひどいリウマチで動けず、病床にありました。陸軍墓地まで逃げる時、私は父のことが気になりましたが、母も妹もいること

ですし、第一うちの子どもたちのこともあり、父を背負っていくわけにもいきません。ところが父は、

「わしはどうせ死ぬのならここでよい。」

と言い、母はそんな父を置いて妹と逃げたのだそうです。大空襲の夜もそうだったと聞きました。夫婦とはそんなものか、なぜ父のそばにいてやらなかったのか。私は母に対して非常に怒りを感じました。

それから三、四日は空襲がありませんでしたが、今度は敵艦が金華山沖に来て、艦載機を盛んに仙台上空に飛ばしました。そしてその機銃の音がものすごく、飛行機の音がすると子どもたちと一緒に押入れに入りました。考えてみると何にもならないのですが、狭い所で皆一緒に固まっているのが心強い心理であったのかもしれません。

空襲の日から五日くらいの間は、毎食東六番丁国民学校まで炊き出しのおにぎりや缶詰類などの配給を受け取りに行きました。罹災証明書に家族の人数が皆書いてあり、この大切な紙一枚が何でもものを言いました。

疎開

たみ枝の手記より

街の方は、駅の石炭置場が雨の中を一週間以上燃え続け、夜空を不気味に焦がしていました。所々から白い煙も立ち上がり、なかなか消えません。一方、艦載機は毎日のようにやって来て、何度も脅かされました。罹災者は二十日まで汽車が無料だから、疎開するなら今のうちにと言われていましたが、疎開するにも行く所がありません。でも私は大きなお腹を抱えているし、小さな子どもたちのことも考え、やはり仙台を出る決心をしました。

主人は空襲の後も毎日多賀城の海軍工廠に電車で通っていました。電車といっても市電ではなく、仙石線の方です。ちょうどその日は人員整理の担当でした。何しろ毎朝たくさんの工員が電車に乗るので、二列縦隊などと号令をかけて整列させるのです。朝早く主人が出かけていって間もなく空襲警報が鳴り、例の艦載機の大編隊がやって来ました。すぐに子どもたちを連れて押入れに入り、バンバンという音を恐怖の思いで聞いていました。原町の陸軍造兵廠の辺りがやられているようです。結局狙われるのは軍の施設なので、私たち市民はそう恐れることもないはずなのですが、一度焼かれているのでそうのんきにはしていられません。

それから数時間後、といってもそれほど長い時間だったとは思いませんが、主人がひょっこり帰ってきました。もちろん空襲警報が解除になったから歩って帰ってこられたのですが、一緒に無事を喜び合いました。いつもなら工員を皆乗せた後に自分も電車に乗って出勤するのですが、空襲のため電車が動かず、そのまま帰ってきたのでした。

その翌日のことです。主人はいつもと同じように海軍工廠に出かけましたが、帰ってきてから聞かされた話にぞっとしました。職場に着いたら、会計部の自分の部屋の机のところの壁一面に機銃の跡があり、防水マントなどにも無数の弾の跡があって、昨日一つ早い電車で行っていたら命はなかったと言うのです。私たちは運が強く幸いでした。

その頃、お向かいだった小久保さんが私たちの家に一時住むことになり、毎日長町の軍需工場まで通っていました。何しろ家が焼け、家族は親の住んでいる岩ヶ崎に疎開し、ご主人一人だけ行くところがなくて困っていたのです。空襲で焼けたのはほとんど市の中心部だけで、肝心の軍需工場地帯は元のままでした。私たちに疎開先がなくて困っていると、小久保さんはお互い様だからと言って、自分の家族のいる岩ヶ崎に疎開先を確保してくれました。

さっそく布団など差し当たり必要な物、それにお産に必要な物が全部入っている柳行李《やなぎごうり》など、荷物を出さなければなりません。それに仙台駅が焼けてしまったので、荷物一切を東仙台駅まで運ばなければならないのです。どこかでリヤカーか荷車を借りてきて荷物を積み、それを主人が引き、私は無理なので元子が後押しして東仙台まで荷出しに行きました。相当距離がありましたから、十一歳の元子には大変なことだったと思います。

そうして七月十九日、石森一家一行は岩ヶ崎に疎開しました。もちろん初めての土地ですが、何となく皆でほっとしました。家は街中にあり、私たちが借りたのは二階の四畳半か六畳くらいの部屋でした。天井が低く、暗くて電灯一つありません。それにトイレが外で、しかも裏の方に二、三軒ぐるっと回った所にあるのが一番困りました。何しろ子どもたちが小さいので、夜中に何遍も起こして連れていかなければなりません。それに運悪く毎日の雨です。慣れない土地での暮らしは厳しく、持参してきた食物も残り少なくなってきて、何か急に心細くなりました。

朝は早くから、下の小久保さん一家がごはんを炊くのに木を燃やします。当然煙は二階に上がり、毎朝いぶし攻めに遭いました。私たちはごはんを炊こうにも燃やす物がなく、履けなくなった下駄を乾かしたり、その辺を歩いては木を拾ったりして何とか間に合わせました。

ある晴れた日、子どもたちを連れて散歩に出ました。散歩と言うと洒落た感じですが、実は何かを探しに行ったのです。もちろん食物です。ありました、ありました。こんにゃくを売っている店を見つけました。いくらでも売ると言うので、とにかく喜んで買ったのはよいのですが、調味料は配給で手に入りません。結局ただ煮てお腹の足しにしただけで終わりました。

あとは配給だけが頼りです。お吸椀のふたにたった一杯のおかゆが一食、それが一日二遍の時もありました。小久保さんの奥さんとは小学校の時から一緒で、もともとお母さんもお姉さんも知っている仲でしたが、こと食べ物となると皆ひもじいのは同じで、一かけも分けていただいたことはありませんでした。私もお部屋を借りているだけで、もちろんそんなことは期待していませんでした。

そのうちお姉さんの紹介で、石越村の役場の世話で部屋を貸してくれるところがあるからという話が出て、小久保さんの家ともお別れすることになりました。

石越村

公子の手記より

私たち一家はうす暗くなった道をぞろぞろと一列になって進んでいました。お父さんが千重子をおんぶして先頭を歩き、その後ろを姉ちゃん、私、幹朗、そして最後尾に義茂の手を引いて身重のお母さんが続きます。右は雑木林で左には一面に田んぼが広がり、カエルたちがケロケロと賑やかに鳴いていました。果てしなく続く一本道にはもちろん電灯などなく、お父さんの持つ懐中電灯だけが頼りです。石越村を目指してただ黙々と歩きました。行けども行けども同じ景色です。しばらくすると小さい弟たちは歩けなくなり、代わりばんこにおんぶしたりだっこしたりして、声を掛け合いながら進みました。梅雨明けで寒さはあまり感じられなかったのが救いでした。

目指す家に着いた時はすっかり夜になっていました。紹介された宍戸家は大きな家で、広い畑があり、トマトが赤くおいしそうになっていました。それまでろくな食べ物にありつけなかったので、弟妹たちは大喜びです。でもこれからがまたお母さんの苦労の始まりでした。お父さんは海軍工廠での仕事があるので、次の日私たちを置いて仙台に帰ってしまいました。

宍戸家から借りたのは十畳くらいの部屋でした。水道がないので、少し先の井戸まで毎日水を汲みに行かなければなりません。てんびん棒を担いでお母さんと姉ちゃんが代わりばんこに往復し、汲んできた水をかめに入れます。私も何回か手伝いましたが、とにかく重いので小さい子たちにはできません。姉ちゃんは農家の手伝いで田畑にも入り、五人兄弟の頭としてお腹の大きいお母さんを助け、誰よりも一生懸命働きました。のんきだった都会生活とは正反対の毎日です。

育ち盛りの子どもが五人もいたので、食べ物の確保が一番大変でした。主食のお米はお金を出して大家さんから分けてもらいましたが、おかずと言える物がありません。田舎なのでお店も見当たらず、仕方ないので大家さんが捨てた芋の皮やキャベツの芯を拾い集めました。それがお椀のふたに一杯だけです。千重子は畑になっているトマトが食べたいと言って泣き出すこともあり、上の子どもたちはときどきお腹が空くとこっそり畑へ行って、なっている野菜をちょいと失敬しました。どういうわけかニンニクがたくさんあって、囲炉裏で焼くとホクホクとじゃがいもみたいになって、おいしく食べることができました。

家の中にはトイレがないので、外に行かなければなりません。これがまた怖くて大変でした。庭の端っこに丸くて大きい直径一メートルくらいの穴が掘ってあって、その真ん中に二本の長い板が渡してあるだけなのです。穴の中には排泄物が丸見えで、ウンチが山盛りになっています。おまけにその周りにはよく大きなアブがブンブンと飛び回っているので、子どもたちはこのトイレにはあまり行かず、外の道端や畑の隅っこで用を足しました。でも悲しいことに、栄養不足の子どものウンチは一目見ただけで疎開者の子どものそれとわかってしまい、お母さんが大家さんに叱られてしまいます。

ある日、義ちゃんがそのトイレに落っこちて大騒ぎになりました。これこそホントのクソマミレです。アブが飛んできて誰かがキャーキャーと騒いでいるのを見て、追い払ってやろうと身を乗り出し、張り切りすぎてバランスを崩したようです。その体を洗うのがまた大変で、しばらくの間臭いが取れませんでした。

お風呂もありませんでしたが、何回かドラム缶のお風呂に入りました。石を積んでできた釜の上にドラム缶を載せて水を入れ、薪でお湯を沸かします。八月に入ると気温も上がって暑かったので、行水程度で汗を流すだけでも皆大喜びで、小さい子から順に次々と入りました。家からだいぶ離れた所に大きな川が流れていて、近所の子どもたちがよく水遊びをしたり泳いだりしていました。でも私たちはパンツどころか下着さえもそうないので、ただ遠くからうらやましく眺めるだけでした。

この頃から姉ちゃんの体調がすぐれず、足首が痛くて歩きにくいと訴えるようになりました。食事の時に正座ができず、はじめは行儀が悪いと叱られましたが、両足首と両手首に痛みと腫れが交互に出るようになりました。おじいちゃんのリウマチと同じ症状です。お母さんはかなり心配しましたが、医者がいないのでどうしようもありません。姉ちゃんには食べ物の好き嫌いがたくさんありましたが、好きな食べ物など手に入るはずもなく、毎日の水汲みもこたえたに違いありませんでした。

八月十五日、正午に重大な放送があるというので皆が部屋に集まり、きちんと座らせられました。天皇陛下のお言葉がラジオから流れましたが、私たち子どもには何の放送かわかるわけもなく、ただ戦争に負けたということを後でお母さんから知らされました。もう警報も空襲もなく、やっと平和が来て、これで安心して帰れると皆で喜びました。間もなくお父さんが迎えに来て、一ヶ月に満たない疎開生活が終わりました。

第二楽章

弟妹

一九四五年（昭和二十年）〜一九五一年（昭和二十六年）

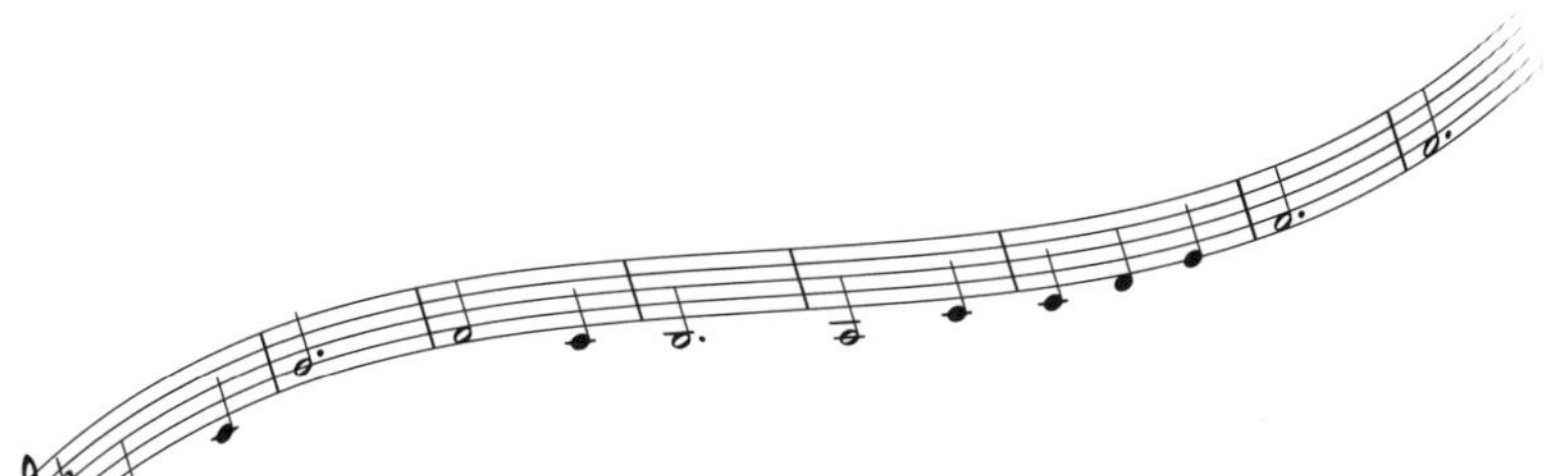

新小路

公子の手記より

石越村から新小路に戻って間もない八月二十六日、リウマチで寝たきりだったおじいちゃんが亡くなりました。鼻の穴に脱脂綿を詰められて、黄土色の顔で横たわって死んだ人を間近で見たのは初めてだったので、ショックを受けました。

新小路の家は広くて大きな庭もあり、わりと広い畑もありました。道路から門を入ってすぐ右手に梅の木があり、春になるとピンクの花を咲かせて実も梅干しを漬けられるくらいなりました。庭には黄色い山吹や紫のつゆ草が咲き、玄関の前には山椒の木が黒い実をたくさんつけていて、栗の木や桜の木もありました。ある日、桜の葉に毛虫がたくさんついているので退治しようということになり、薄いクモの巣のような網で守られている毛虫の幼虫の巣を誰かがロウソクの火で下から焼いたのが忘れられません。お隣との境の向こう側に大きな高い木があり、そこによくアカゲラだか何だかのキツツキがやって来て、トントントンと音を立てながら幹を突いていました。

かなり間数がある家で、玄関を入って右手に応接間があり、左側が台所でその隣が五右衛門風呂です。丸い風呂釜に丸い板を浮かせて、その板をこわごわ足で沈めながら入ります。その隣が茶の間で、皆の食堂です。玄関の奥の間が八畳あり、その奥にトイレと三畳間。その隣には六畳の離れがあり、後におばあちゃんとみつ枝おばちゃんが住む所となりました。

それまで通っていた東二番丁国民学校は空襲で焼けてしまったので、私たちは近くの東六番丁国民学校へ転入となりました。土井晩翠が作詞した校歌が「小田原たんぼ前に見て」と始まるように、東の方には田んぼが広がり、その向こうには屠殺場もありました。少し東照宮の方に行けば小田原遊郭があり、長屋も並んでいます。しばらくの間は授業どころではなく、皆で朝から硯で墨を磨り、毎日教科書に墨塗り⑴ばかりしていました。

お父さんは終戦後も多賀城の海軍工廠に通って残務整理をしていましたが、進駐軍が来ると工廠は接収されて「キャンプ・ローパー」となりました。その後は仕事がなく、音楽関係の経営者仲間で昔から親しくしていた桧山さんという友人の世話で、レコード関係の仕事を探していました。そのうち、お父さんがどこで手に入れたのか、ピアノを応接間に運んできました。姉ちゃんと私と幹朗の三人は大喜びで、よく皆で代わりばんこに弾きました。疎開中はお休みしていたピアノのレッスンも再開となり、また清水道子先生の自宅に通い始めました。先生の家で発表会もあり、私は独奏で「ジプシーの群れ」という曲を弾きました。

間もなく、お母さんが近くの産院で無事に久美子を出産しました。お腹の中にいた時は戦争中で栄養不足だったせいか、小さい赤ちゃんでした。義ちゃんと二人で産院に面会に行ったのですが、その帰り道でのことです。風船のような透明でふわふわのものが、私たちの後をずっとついてくるのです。二人で、

「あれはなんだろう、人魂じゃないかしら。」

と言っているうちに、ぱっと消えてなくなってしまいました。

食料不足に加えて衣料不足の時代で、皆がボロボロの服を着ていました。一番厄介だったのがシラミです。戦争中からとにかくいっぱいいて、誰にでも当たり前のようについていました。すきぐしで髪の毛をとかすと、ポロポロとアタマジラミが落っこちてきます。卵も髪の毛の根元のところに産みつけるので、一つずつ取っては指の爪でつぶさなければなりません。毎晩皆でお互いのシラミ取りです。シラミは蚊のように血を吸うので、吸われたところはかゆくなって仕方がありません。学校では全員並ばされて、一人ずつ白い粉をたっぷりとかけられました。進駐軍が持ち込んだＤＤＴという殺虫剤です。シラミが死ぬまでそのましばらく粉をかぶっていなければなりません。女子は髪の毛が長いので頭から、あとは首筋や背中から服の中にまでかけられました。坊主頭にしていればアタマジラミはつきませんが、服につくコロモジラミがいて、縫い目や折り目に卵を産みつけるのです。シラミが媒介する発疹チフスが大流行して、進駐軍がシラミ退治に乗り出したのでした。

錦町にお母さんのお兄さん、小林のおじさんが住んでいて、何回か遊びに行きました。大きな家で、子どもが五人くらいいたと思います。お母さんとおばちゃんたちは、おじさんを「兄さん」と呼んでいました。兄さんなのになぜ姓が細谷じゃないのか、小さい時はわかりませんでした。おじさん一家は間もなく福島に引っ越し、それからはおじさんのことを皆で「福島のおじさん」と呼ぶようになりました。おじさんは引っ越しの際、家具類は運べないからと言って、私たちの家に預けていきました。戦災で何一つなくなってしまった我が家では、家具を買わずにそのままお借りすることができ、大変助かりました。

（1）軍事的・戦意高揚的な内容を墨で黒塗りにして消す作業のこと。

リウマチ

元子の手記より

疎開から帰ってきてからも足首と手首の痛みはなくならず、空襲で被害を受けた市立病院の再開を待って駆けつけました。多発性慢性関節リウマチという名前がつきました。それまではやせ型でしたが病気らしい病気もせず、頑健でした。疎開先での水汲みや農家の手伝い、それにひどい湿気や食料不足など、環境の変化が誘因のようです。私の発病と入れ替わりのように、リウマチのおじいちゃんが亡くなりました。

それから病院巡りとなりましたが、リウマチの薬はなく、ザルソー注射以外に治療法もないと言われました。ザルソーとはサリチル酸ソーダの略称で、消炎鎮痛作用がありますが、副作用もあります。ザルソー注射のほか、伝え聞いた漢方やマッサージなどの民間療法もいろいろ試してみましたが、どれも効き目がありませんでした。痛みで歩くことができない日もあり、六年生の二学期と三学期は歩ける日だけ登校して、半分くらいは休みました。手の力がなくて、トイレに行ってもパンツが上げられず、隣の席の子がいつもついていっては、上げ下げを手伝ってくれました。

リウマチは湿気と寒さに弱く、雨が降ったり冷えたりすると、すぐに痛みと腫れが増してきます。そのたびにお母さんが罨法《あんぽう》で痛いところを温めてくれました。心臓にも影響が出始め、ひどい時は寝返りするだけで動悸が激しくなり、寝ていても動けませんでした。何とか小学校を卒業できましたが、卒業式には火鉢と毛布を席に持ち込んでの出席でした。

昭和二十一年四月、プロテスタント系キリスト教の私立女学校、宮城学院に入学しました。一年生の中で一番小さく、体重は二十四キロでした。生活に余裕がないのに、よく授業料の高い私立校に入学させてくれたものだと思います。子ども心にもピアニストを夢みていましたから、この頃は手首が痛くてもピアノは相当弾いていました。宮城学院ではアメリカから来た宣教師の先生たちが本格的に音楽を教えていたので、夢をかなえさせてやりたいという親心だったのでしょう。

お母さんは小さい頃から「長女なんだか

自宅応接間でピアノを弾く元子

ら」と家事を任され、いろいろと我慢を強いられることが多かったようです。妹は勉強に集中して第一高女に入り師範学校にまで行かせてもらったのに、自分は好きだった勉強をろくにさせてもらえなかったとこぼしていました。だからなおさら長女の私にやりたいことをやらせてあげたいと思ったのかもしれません。

宮城学院は東三番丁に校門、東二番丁に裏門があり、南側は北目町通りを挟んで向かいに河北新報社がありました。空襲で大講堂と第二校舎だけ残して焼けてしまい、レンガの壁だけが残った第一校舎は修復工事中で、あとは焼け跡にバラックの仮校舎が建てられていました。一学期のうちは何とか通いましたが、また歩くのが大変になり、休みがちになりました。二学期が始まる頃には歩けなくなり、二学期と三学期は休学となってしまいました。

春休みの間に湯治に行き、おかげでまた歩けるようになって帰ってきました。学校は新学制で宮城学院中学校となり、再び一年に編入されました。今度は二学期まで休み休み通いましたが、また立てなくなり、三学期は再び休学。ありがたいことに、近くに住む同級生が、毎日学校帰りに家に寄って勉強を教えてくれました。三学期の試験はお父さんに自転車で学校に連れていってもらって受け、何とか二年に進級することができました。

学校を休んでも家でピアノは弾いていましたが、だんだん両手首が強直して弾くのが難しくなってきました。春休みに再び湯治に行きましたが、今度は歩けないまま戻ってきました。

さらに、あご、肘、手のひら、指などにも痛みが出てきて、立つこともできずに寝たきりとなってしまいました。ついに思い切って自分から言い出し、宮城学院を中退することにしました。

進駐軍

義茂の回想より

外で遊んでいると、進駐軍のジープが土埃を上げながらこっちに向かって走ってきました。思わずそこにあった石を拾って車体に投げつけました。気がつくと、周りにいた何人かの友達も皆同じように石を投げていました。そのジープは急ブレーキをかけて止まり、米兵が降りてツカツカと早足でこっちに近づいてきます。目の前に来るなり、パーンとほっぺたを一発たたかれました。こっちはまったくの無抵抗で、ただキッと睨みつけてやりました。他の連中も逃げることなく、隣で自分がやられる番を待っています。その米兵は一人一発ずつ皆平等にたたいた後、何も言わずにジープに戻り、そのまま走り去っていきました。子どもなりに家を焼かれて戦争に負けた悔しさを感じていたのでしょうが、後から思えば、たたく方も加減していたはずです。

典型的な次男坊で、トンボでも何でも生き物はバラバラにするし、悪さもします。おまけにお漏らしの常習犯。いつの間にかパンツがぬれているのです。お袋に怒られて、

「あんたはもういらないよ。」

と言われたことがありました。戦後で食べていくのに大変な時期だったので、兄弟一人一人と自分を見比べて、

「真っ先に行くのはオレだ。」

と思い込んでしまいました。

その頃ちょくちょく家にやってくるお客さんがいて、ある日、

「お宅は大変だね。」

と話しているのが聞こえてきました。自分のことに違いありません。そのお客さんはそれからも来るたびに同じ話ばかりしています。しばらくたったある日、

「うちに来るか？」

と声をかけられました。そのちょっと前にお袋から、

「よそに行っていい暮らしをしないか？」

と聞かれたばかりだったので危機感を覚え、それからはその人が来るたびに逃げて隠れていました。後になってから、そのお客さんというのは占い師だったことがわかりました。

石森家と裏の細谷家との間には共同で使っている畑がありました。どんなものを収穫していたのかは定かではありませんが、トウモロコシを食べたことだけははっきりと覚えています。トウモロコシはサトウキビと似ているので、ある時密かに茎にかぶりついてみたなんて

いうこともありました。お袋は子どもたちが手足や体を汚したり傷つけたりするのを嫌い、庭の桜の木の根元付近などは足場の起伏が悪く、ジメジメ、草ボウボウだったので、立ち入ることも許されませんでした。

親父はまた店を始めるつもりでレコードを仕入れていたようで、たまに名楽堂のお客さんが応接間にレコードを買いにきました。応接間は蓄音機が置いてあるだけの普通の部屋で、店のように商品を並べていたわけではありません。いわばモグリです。ごく内輪の人たちから頼まれて、商品の融通の手伝いをしていた程度だったのかもしれません。そのうち東一番丁の東殖というマーケットタイプの集合店にある本屋さんの中に店を出させてもらえることになり、しばらくの間そこで楽器やレコードをほそぼそと売ってやりくりしていました。

小野寺先生

公子の手記より

始業式で生徒全員が校庭に並ばされ、組割りの発表と担任の先生の紹介がありました。六年五組の担任は海軍帰りの小野寺正二先生です。その場で点呼が始まって誰かが小さい声で返事をすると、

「おっきい声で返事しろっ！」

といきなり先生の怒鳴り声が響いたので、皆びっくりして震え上がりました。悪さをしたり遅刻したりすると、水のいっぱい入ったバケツを持ったまま廊下に立たされます。授業中にトイレに行く時は、柱に頭をゴツンと自分でぶつけてから行かなければなりません。皮のスリッパをパタパタと鳴らしながら歩くので、その音を聞いただけで皆緊張したものでした。

学制改革でこの年から「国民学校」は「小学校」になり、それまで男女別クラスだったのが皆共学になりました。六年生は五クラス、どこの教室も六十人以上の子どもたちですし詰め状態です。終戦直後はいろんな事情でまだ学校に通うことのできない子たちがたくさんいたのですが、しばらくすると毎日のように転入生がやって来ました。疎開から帰ってきた子、

親戚を頼って引っ越してきた子、朝鮮や満洲などの外地から引き揚げてきた子など、さまざまです。もちろん机も椅子も足りないので、先生が教壇を取り払って一番前に置き、そこに机のない子たちがずらっと並んで座って教壇を机代わりに使いました。それでも足りないので、酒屋の娘、高橋祥子ちゃんが店から一升瓶やビール瓶を入れる木箱を持ってきて、それが机や椅子になりました。

先生は音楽ができないので、私と祥子ちゃんがよく代わりに教えるように言われ、これが楽しくて仕方ありませんでした。今までの教科書と違って、新しい教科書には外国の曲がたくさん載っているし、全部の曲に伴奏の楽譜がついています。戦争中は「ドレミファソラシド」が使えなくなって「はにほへといろは」になっていたので、まず祥子ちゃんがドレミで音階を教え、歌う時はいつも私がオルガンで伴奏しました。他の先生たちは音楽のできる先生を連れてきて授業をしてもらっていましたが、小野寺先生は、

「俺んとこにはもう音楽の先生がいっから。」

と言って、他の先生を呼んだことは一度もありませんでした。

家にはよく友達が遊びに来て、弟たちも一緒になってよく缶けりなどをして遊びました。ある日、祥子ちゃんと二人で家に向かって歩いていると、進駐軍の兵隊さんが二人現れて近づいてきて、目の前に立ちはだかりました。逃げるわけにもいかず、時計を指さしながら英

語で何か言っているので、とりあえず北一番丁の時計屋さんに連れていってみることにしました。時計屋さんに着くと、やはり時計を修理したかったらしく、一人の兵隊さんがポケットからナイフを取り出して何かを二つに切り、一つずつくれました。チョコレートです。祥子ちゃんはナイフにびっくりしてそれをそのまま空色のコートのポケットに入れて家に帰り、思い出した時にはチョコレートがベタベタに溶けていたそうで、茶色いシミがどうしても取れないと嘆いていました。

やがて卒業式が近づいてきて、謝恩会で皆で何かやろうということになりました。その頃、NHKのラジオドラマ『鐘の鳴る丘』が毎日放送されていて、かなりの人気がありました。戦地から復員してきた主人公が、戦災孤児たちと一緒に共同生活を始める話です。いつも最

家族写真

初に「キンコンカンコン」という鐘の音で始まる主題歌が流れるので、「緑の丘の赤い屋根、とんがり帽子の時計台、鐘が鳴りますキンコンカン」とよく皆で歌っていました。ちょうど、丸光百貨店の娘、佐々木要子ちゃんが鉄琴を持っていて、

「私、キンコンカンコンできるよ。」

と言うので、大きなアコーディオンを持っているお醤油屋さんの娘、鈴木文子ちゃんが、

「じゃ、私メロディ弾くから。」

と続き、一気に話が進みました。当時はハーモニカが流行っていて誰でも吹いていたし、学校の音楽の時間に使うミハルス(1)もあります。

「皆で合わせるだけ合わせてみたらおもしろいんじゃない?」

と、放課後に新小路の家に集まって練習してみることにしました。もちろん私は伴奏役です。

案外うまくいったのに気をよくして、それならもう一曲と「みかんの花咲く丘」を二曲目に選びました。指揮者は祥子ちゃんです。ちゃんと合奏になるように楽譜を作り、この小節は鉄琴、ここの小節はミハルスを鳴らす、ハーモニカの人たちはここで吹く、残りの人たちはここで合唱する、などと全員が参加できるように工夫して書き込んでいきました。いつも学校が終わってから新小路の庭に集まって練習したので、先生たちも他の親たちも誰も知ら

ないままです。最後に一度だけ、夕方に他の生徒が皆帰った頃を見計らって、講堂でリハーサルをしました。

いよいよ当日、卒業式が終わって謝恩会が始まり、六年五組の番がきました。クラス全員でぞろぞろと、何事かとざわつく先生、父兄たちを横目にステージに上がり、祥子ちゃんの合図で要子ちゃんの「キンコンカンコン」、続いて私の伴奏で合奏と合唱が始まりました。学校で器楽合奏をするようになったのはもっと後になってからのことで、この頃はまだ器楽合奏などという言葉を知っている人もほとんどいませんでした。それもこんな大人数での器楽合奏はまさに前代未聞のことなので、校長先生から父兄までびっくり仰天で、皆にすばらしいと褒められました。

（1）昭和八年頃に千葉躬治《みはる》氏が創案して音楽教育に取り入れられたカスタネット風の打楽器。

宮城学院中学校

公子の手記より

中退した姉ちゃんと入れ替わりで、私は宮城学院中学校に入学しました。公立の中学校はまだできたばかりで、教員不足もあって資格のない先生が多く、学区内にできた第五中学校は校舎もなくて東六番丁小学校に間借りしていました。それに比べて宮城学院は、アメリカからの資金と教育者の投入で教育環境に恵まれていたこと、宮城学院高等学校ができて進学先が安定していたことなどもあって、優秀な生徒が集まりました。入学試験のレベルも高かったのですが、幸い先生たちが姉ちゃんをよく知っていたこと、ピアノを習っていて将来は音楽の先生になると面接試験で答えたことも有利だったらしく、無事に合格できました。六年五組からは私を含めて四人が宮城学院に入りました。制服はなく、入学式にはお母さんが作ってくれたセーラー服を着て出席しました。

それまでは清水道子先生に習っていたピアノも、宮城学院の先生に習うことになりました。まずはピアノのテストがあって、アメリカ人のおばあさん先生の前でモーツァルトのソナタ第五番ト長調を弾きました。広い大講堂のステージで、グランドピアノで弾くのは初めてでしたが、暗譜でうまく弾けました。応援に駆けつけてくれた友達が、よかったと褒めてくれました。

最初は物静かな庄子和子先生にピアノを習いましたが、間もなく別な先生に代わりました。その先生はときどきヒスを起こし、うまく弾けない時は、手こそたたかれなかったものの定規のようなものでピアノの端っこをピシャリとやります。間違ったりすると余計緊張してかたくなり、ますます弾けなくなってしまうので苦手でした。その後も何度か先生が代わりました。

クラスは梅組です。一年の担任は「三日月の君」というあだ名の竹内先生で、英語の先生でした。英語は日本人の先生が文法や単語などの基礎を教え、アメリカ人の先生が会話を教えます。ミッション・スクールなので、キリスト教の宣教師である先生たちがアメリカからたくさんやってきて、英語や音楽を教えていました。一年生の時の英語の先生はアメリカ人のおばあさん先生で、日本語をまったく話しません。鏡を持たされて唇の開け方や舌の動かし方を見ながらLとRの発音練習をさせられたり、一人一文章ずつ先生の目と鼻の先で大きな声で言わされたりして、間違うと何回もやり直しさせられました。これがまた楽しくてたまりませんでした。

校舎はバラックの粗末な建物で、床には黒いコールタールか何かが塗ってありました。汚い床なのに土足禁止です。土足といっても、その頃はだいたい皆下駄履きで、靴を履いている子などほとんどいませんでした。下駄のままで入ろうとしては怒られ、その床掃除もさせられましたが、いくら掃除したってきれいになるものではありませんでした。

秋にはヘレン・ケラー女史が宮城学院にやって来ました。大講堂で開かれた講演会に出席して、感銘を受けました。戦災で焼け残った大講堂はとても立派な建物で、主に礼拝堂として使われましたが、戦後しばらくの間は一般の大きなコンサートやイベントの会場にもなりました。西公園にあった仙台市公会堂が空襲で焼けてしまい、他に大きな会場がなかったのです。

この頃、みつ枝おばちゃんが結婚して東京に引っ越してしまいました。おばちゃんは会社勤めをしていましたが、

「今度新入社員が入ってきたんだー。」

と話していたと思ったら、いつの間にかその年下の新入社員が旦那さんになったのでした。名前も細谷みつ枝から北川佳代に変わったので、それからはおばちゃんのことを皆で「佳代ちゃん」と呼ぶようになりました。

家には真ん中に穴が開いているドーナツ型のパン焼き器があって、お母さんがよくとうもろこしの粉でパンを焼いてくれました。まだまだ配給が続いていて砂糖など手に入らない時

代でしたから、甘味料といえばサッカリンかズルチンです。それでもお母さんが焼いてくれたパンはおいしいものでした。

お父さんは友人たちの口添えもあって、三越に楽器部として店を出させてもらえることになりました。三越が入っていた東一番丁の五階建ての建物はもともと仙都ビルといって、空襲で焼けて形だけが残り、三越はそれからずっと修築工事をしながら営業していました。ちょうど教育改革で学校に器楽教育が取り入れられて楽器の需要が増えてきた頃で、戦時中から贅沢品や娯楽品にかけられていた物品税も終戦時の百二十パーセントから五十パーセントにまで下がり、ヴァイオリンやマンドリン、ギターなどの比較的安い楽器なら一般家庭にも手の届く物になりつつありました。

二年生になると、アメリカから新しくミス・マーガレット・ガーナーとミス・マーサ・レインがやって来

ミス・レイン

ミス・ガーナー

ました。鮮やかな水色の自転車にさっそうと二人で乗って学校へ来ます。とてもかっこよくて、皆で憧れたほどでした。アーカンソー出身のミス・ガーナーはとんぼの眼鏡をかけ、男性的で教壇の机に腰をかけて足を組み、ずいぶん行儀が悪いなーとびっくりしました。ミス・レインは東三番丁教会の聖歌隊の指揮者になり、コーラスの人員を募集したので私も入りました。これがまた楽しくて、クリスマスにはクリスマス・キャロルを全部英語で覚え、ホテルのイベントで歌ったり、夜中まで信者の家を歌って回ったりしました。

日本人の英語の先生では伊藤るつ子先生が大好きでした。シンデレラ姫のストーリーを習った時は、それを一冊のノートに書いてまとめ、それに姉ちゃんがきれいに挿絵を描いてくれて、先生がすばらしいと褒めてくれました。それから赤城先生も好きでした。小柄でやさしく、かわいらしい声で表情豊かに話します。お腹に赤ちゃんがいて、

「生まれたら名前はマリなのよ。」

と言って、生まれる直前まで大きなお腹で教えていました。ご主人の赤城泰先生は牧師さんで、東北学院で聖書を教えていました。東北学院は東二番丁を挟んで宮城学院の真向かいにあり、その頃は道幅が狭かったので、音楽科の校舎から裏門を出るとすぐそこが東北学院の裏門でした。泰先生のお母様も宮城学院で宗教や習字を教えていたので、赤城先生が二人いました。

校舎の復旧工事や新築工事が進み、私たちのバラックもやがて新しい校舎になりました。校庭の隅には「おセンチが丘」と呼ばれる緑の小高い丘があって、そこでよく友達と遊んだり、写真を撮ってもらったりしました。後藤江陽写場の写真屋さんが毎日のように学校に来て写真を撮り、それが後で張り出されて好きな写真を選んで買うことができました。

中学二年の運動会（後列左から二番目が公子）

ヴァイオリン

元子の手記より

夏休みが終わって弟妹たちの学校が始まると急に家の中が静かになり、いつまでも寝てばかりいられないと思って起き出しました。膝には炎症がないので膝でいざって動くことはできますが、関節は冷えると痛いので、ほとんど掘りごたつに入ったきりの生活です。弟妹たちの教科書を借りて独学しながら、一日中ラジオにかじりついていました。音楽番組は第二放送と進駐軍向けの第三放送でクラシックからジャズまで聴きまくり、学校放送も幼児向けから高校向けまであらゆる番組を聴き、「カムカムエヴリバディ」のテーマソングでお馴染みの『英語会話』も毎日聴きました。ラジオが私の教育者です。

そのうち注射で歩けるようになると言う医者がいて、さっそく背負われて行ってみました。すると一日目は上半身に八本、二日目は下半身に八本の筋肉注射を打たれ、さらに、

「診察台から飛び降りてみろ。」

と言われました。仕方なくこわごわ飛び降りてみましたが、それっきり立てなくなってしまいました。一種の麻薬だったようです。マッサージ師にも来てもらいましたが、

「生理が始まったら治る。」

などと言われてしまいました。

この頃から将来のことを心配し始めました。親が生きている間はいいかもしれませんが、その後が問題です。弟妹に養ってもらうことになるのでしょうが、そのためには何か役に立つものを身につけなくてはなりません。そこで学校の授業の中で体操の次に嫌いだった裁縫を覚え、弟妹や将来できるであろう甥姪の洋服でも縫うしかないと考えました。もちろん洋裁学校へは通えませんから、洋裁の本を借りてきて裁断の仕方から縫い方まで書き写し、独学で縫い物

家族写真

を始めました。わからないところはお母さんに聞いて教えてもらいます。

戦後の衣料不足の時代ですから、リフォームがほとんどでした。そのためにはまず服をほどかなければなりません。これが服の中がどうなっているかを覚えるよい勉強になりました。というと楽そうですが、手の痛い最中だったので大変です。ミシンは何とか踏めましたが、握力がないのでハサミは両手で持たないと裁断できません。仮縫いは痛むところを温布しながら、一針一針両手で刺したり抜いたりの悪戦苦闘です。針を歯で引っ張る時もあれば、裁ち違いなど失敗もたくさんしました。結局数をこなすのが一番で、これで何とか先行きの見通しがついて一安心しました。

ピアノは手首と指の痛みで弾けなくなっていましたが、代わりに縦笛を吹いて楽しんでいました。ところが、だんだん右肘が直角に固定して動かなくなり、さらには指も四本固定して動かなくなり、ついに縦笛も穴に指が届かず吹けなくなってしまいました。

ちょうどその頃、小学四年生になった幹朗さんがヴァイオリンを習い始めました。ある日お父さんがヴァイオリンを持って帰ってきて、ときどきいじって音を出していたのがきっかけです。幹朗さんはそれをおもしろがって、よくヴァイオリンを手にとってはいたずら半分にお父さんのまねをして音を出していました。それを見ていたお父さんが、

「じゃ、習ってみたら。」

と言って、名楽堂のお客さんだった梅村先生に指導をお願いしたというわけです。

小さい楽器なのでこれなら何とかならないかと思い、私も手にとってみました。でもやっぱり手首や肘の強直のせいで正常には持てません。いろいろ考えた末に、チェロのように膝の間に挟んで弾けることを発見しました。その世界で唯一のスタイルでヴァイオリンを弾き始めましたが、これがまた楽しくて仕方がありません。それから熱心に独習を始め、次々といろんな曲が弾けるようになっていきました。

やがて七番目の末っ子、照朗が生まれ、家の中がさらに賑やかになりました。ある日大きな地震があり、気がついたら庭の真ん中に立っていました。我に返った途端に座り込み、そのまままた歩けませんでした。この時から立ってみろと盛んに家の者に言われましたが、やはり両足首が痛くて立てません。今度は動脈注射でよくなるかもしれないと言う医者がいて、毎日自転車に乗せられて通院しました。腿の付根の動脈に何らかの薬を注射されるのですが、深い所の動脈へ入れるのが難しいらしく、いつも泣いては帰りにあん餅を買ってもらいました。

照ちゃんが八ヶ月を過ぎた頃から家の中でおもしろいことが多くなり、それを書き残しておきたいと思うようになりました。お母さんの発案で公ちゃんと二人で家庭新聞を作り始め、ついに昭和二十四年八月、『てるてる新聞』第一号を発行しました。その後公ちゃんは学校が始まって忙しくなり、結局私一人で作るようになりましたが、月一回とはいえ大きい仕事です。はじめはただ思いつくままに書いていたのが、二号、三号と回を重ねるごとに少しずつ編集のコツを覚え、インタビューや失敗談、漫画などを交えながら楽しい新聞ができていきました。

やがて久美ちゃんもヴァイオリンを弾きたがるようになり、ついに四歳の誕生日に十六分の一の小さな鈴木ヴァイオリンをお父さんに買ってもらいました。

「どれ、この子に一丁手ほどきしてやろう。」

と教えてみると、スラスラとよく覚えます。それなら本格的に教えてあげよう

左から公子、照朗、久美子

と思い、指導書や教本で研究を始めました。気まぐれな久美ちゃんのことなので、上達してはやめ、してはやめしていたのですが、十ヶ月たった頃から急にまた本腰を入れ始めました。しばらく休んでいたので最初のうちはなかなか弾けませんでしたが、すぐに思い出し、弾き出したら二時間でも三時間でも弾き続けます。それからは毎朝毎晩一生懸命の練習ぶりに、教える方が参ってしまう有様です。やり始めたら早いもので、何曲か弾きこなすようになり、これがヴァイオリンの先生への第一歩となりました。

『てるてる新聞』二十一号より

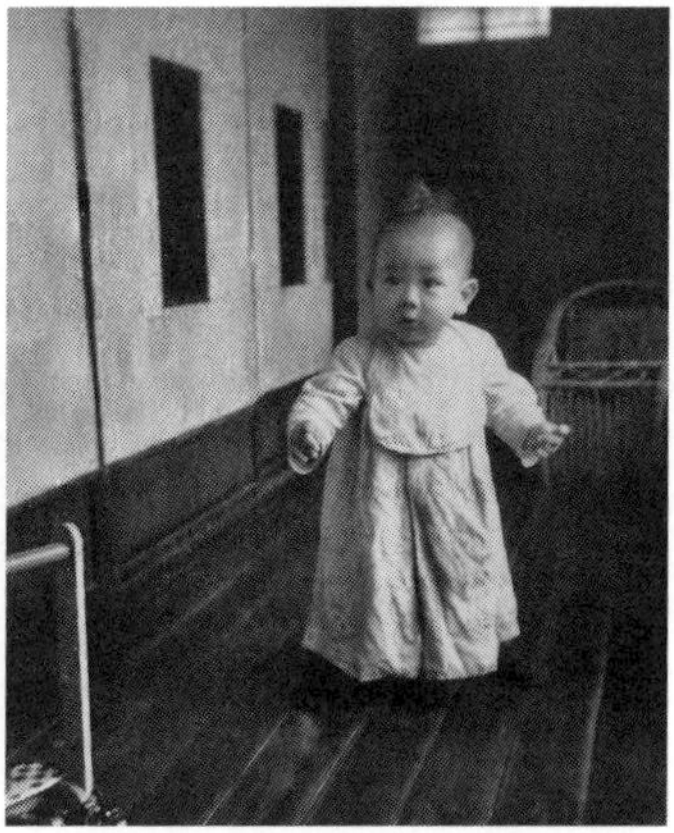

お父さんの大病

『てるてる新聞』より

昭和二十五年元旦、お父さんは親類の所へ御年始に回り、二日はお店の初売りに出て、新しい年を元気に踏み出しました。と思ったら、その夜お風呂に入って急に疲れが出たのか、三日の朝には胸が痛いと言って起きられず、朝ごはんは何とか食べたものの、その後すぐ寝込んでしまいました。

次の日、胸の痛みはなくなりましたが、今度は腰が痛いと言います。お父さんは疲れて一日や二日寝るのは毎年恒例のことなので、皆今度のも年末年始の疲れが出たんだろうくらいに思っていましたが、とりあえず指圧師の田中さんを呼んで指圧をしてもらいました。ところが五日、六日になっても起きられないので、そろそろ心配し始めました。毎日指圧をしてもらっても効果がありません。咳をすると頭が痛いと言って、食欲もなく、症状は日増しに悪くなる一方です。ひげがずいぶん伸びて顔がやせ、目がぎょろりとして山賊の親玉のような顔になってしまいました。

八日になっても苦しそうな咳が続き、寝ているのもひどそうでずっとうなっています。それも大声でうなるので皆で心配しました。夜もうなり通しです。午前一時頃にふと目を覚まし、そのままお父さんの顔を見守っていると、ときどきうなりから覚めて苦しそうに咳をしながら、

「ウェーバーの舞踏へのお誘いとこの咳と、どんな関係がある？」

とか、

「ウェーバーと咳との関係を言え。」

などと聞いてくるので、何と答えたらいいのか困ってしまいました。その後もウェーバー、ウェーバー、とうわ言のように言い続けていました。

九日になると、今度はひゃっくりが出始めました。普通のひゃっくりと違って、腹の底から上がってくるような深いひゃっくりが咳と代わりばんこに出るのです。苦しそうで様子がひどいので、医者に診てもらうことにしました。お父さんはお店のお得意さんの片倉先生がよいと言うので、すぐ呼びに行って来てもらいましたが、診察の結果は気管支炎でした。

「エキホスで湿布しなさい。」

と先生がおっしゃるので、はじめはエキホスでしていましたが、お母さんはその後、

「お湯でした方が早く効くんじゃないかしら。」

と言って、一晩寝ずにお湯を沸かしては湿布を取り替えていました。

朝になってもお父さんは相変わらず変な大声でうなり、ひゃっくりと咳で苦しそうです。朝のうちに医者を呼んで診てもらうと、なんと肺を侵されているとのこと。皆はすっかりびっくりしてしまいました。すぐに湿布はやめて、ひゃっくり止めの薬もいただきましたが、全然効きません。

次の日になってもひゃっくりは止まらず、やっと止まったかと思うとまた出ます。横隔膜がやられたからです。午後になっても三秒おきぐらいに三十分くらい続けて出て、あまりにひどそうなのでおばあちゃんが光禅寺通りの清水医者を呼びに行きました。間もなくおばあちゃんが帰ってきたので話を聞くと、

「ひゃっくりをするんじゃもうだめだから診なくていい。」

と先生が言うのを、無理にお願いしてきたとのこと。おばあちゃんは話の途中から泣き出してしまい、皆はもう気が抜けたようになってしまいました。やがて先生が来て注射を打っていきましたが、

「左肺は大部分、右肺も背中の方までやられている。後、四、五日しかもたないでしょう。」

と言われました。まるでうそみたいな話なので信じられない気もしましたが、最悪の場合は覚悟を決め、家族皆で助け合いながら生活しようと誓いました。

翌日も相変わらず咳とひゃっくりです。朝のうちに公ちゃんが親類の所へ知らせに行きま

した。ところが、夜十時頃からなぜか咳もひゃっくりも止まり、うならなくなりました。とても静かですが、それもまた心配です。登美おばちゃんがよく当たる占い師に聞きに行ったら、十五、十六日が悪く、それを通り越せばよくなると言ったそうなので、当たるにしても当たらないにしても、一応気をつけることにしました。

その十五日になっても変わりがなく、十六日になって今日を通り越せば大丈夫と思っていたら、午後からまた咳がひどくなってうなり出しました。ときどきうなりながら聖書の一節を口ずさみ、讃美歌の「主よ、みもとに近づかん」を途切れ途切れに歌うので心配になりました。十七日には少し熱が出たようですが、気分は良さそうです。十八日には幹朗さんにヴァイオリンを弾かせ、拍手をしたりしたので驚きました。十九日からは少し食欲が出てきて、医者も一日おきになりました。それから少しずつ咳もひゃっくりも減って食欲も回復し、二十六日には座ってごはんを食べられるようになりました。

このままよくなるかと思ったのですが、二十八日にはまた食欲も元気もなくなり、夕飯の最中に突然心臓の鼓動が激しくなって、首の後ろや胸が熱くなりました。皆びっくりして、お母さんはすぐに胸と首と額を冷やし、公ちゃんたちは氷枕を買いに行きました。おばあちゃんは清水先生を呼びに行きましたが断られ、仕方がないので片倉先生に電話をかけ、その他に宮町の松本医者も呼びました。診察の結果、何ともないそうで、鼓動が激しくなったくらいで死ぬようなことはないとのこと。後でお父さんに聞くと、前の晩からいろいろなことを考えてちっとも寝なかったそうで、先生にも寝不足とその疲れが原因だろうと言われました。

翌朝清水先生が来て、やはり何ともないと言われました。お父さんは昨夜も眠れなかったそうで、

「今まで言わないでいた、いろいろなことを言わないと寝られない。」

と言って、子どもたちを一人一人呼んでいろんなお話をしました。

「死んでも心残りのないように。」

などと言うので、遺言のような気がして悲しくなりましたが、全部言ってしまったせいか、その晩からはよく眠れるようになりました。

二月三日にまた清水先生が診察に来て、とてもよくなっていると言うので安心しました。節分な

『てるてる新聞』十一号より

ので夕食が終わってから豆まきをしましたが、今年は豆だけ炒って、鬼の面も福の面も作りませんでした。子どもたちは手に豆をつかんで、まず八畳間から、

「福は内、福は内、鬼は外、鬼は外、天打ち地打ち四方打ち、鬼の目玉ぶっつぶせー、お父さんの病気ふっとばせー。」

と口々に叫んでバラバラと豆を投げました。すると、それまでおとなしく見ていた照ちゃんがびっくりして泣き出してしまいました。でもコロコロと転がる豆を見たら大喜びで、皆と一緒にはしゃぎ回りました。ところが久美ちゃんは「鬼の目玉ぶっつぶせ」と「お父さんの病気ふっとばせ」をごっちゃにして覚えてしまい、

「お父さんの目玉ぶっつぶせー！」

とお父さん目がけて飛んでいって豆を投げたからたまりません。皆びっくりしましたが、お父さんは、

「久美ちゃんがお父さんに豆をぶつけてくれたから、お父さんの病気、どっかへ逃げて行っちゃうよ。」

と言ったので安心しました。

五日の朝にはお父さんがごはんの前に一人で起きてきたので、皆びっくりしてすぐまた寝かせてしまいました。ヒゲがものすごく伸びたので、赤い毛布にくるまっているとまるで赤

ダルマのようです。午後には茶の間に出てきてそのヒゲを自分で剃り落としました。すると顔がすっかり変わって、病人ではなくいつもの朗らかなお父さんに戻りました。こうしてお父さんはその後も順調に回復して一命を取り留めましたが、結局何の病気だったのかはわからずじまいでした。

公ちゃんはお父さんが倒れてから毎日お父さんの代わりにお店に通い、学校が始まってからも帰りに自転車でお店に寄って、お父さんが復帰するまでお手伝いを続けました。その様子や感想を聞いてみると、

「レコードを聴かせたり、包んでやったり、お使いに行ったりするよ。いろんなレコード代わりばんこに聴くでしょ。だから曲の名前やなんかずいぶん覚えたわ。どのお客さんも皆はじめ値段を見て、それから曲名なんか見るんだよ。お客さんの共通点ね。そんなもんだわ。」

館山先生

『てるてる新聞』より

親戚の石森恒雄さんの家で赤ちゃんが生まれ、恒雄さんが二十一日のお祝いにと紅白餅を持ってきてくださいました。我が家自慢の『てるてる新聞』を見せてあげたらとても喜んで、ちょっと借りていきたいとおっしゃるので貸してやることにしました。その時、それっきり新聞とお別れになろうとは夢にも思っていませんでした。

　恒雄さんが帰ってしばらくたち、日が暮れてしまった頃のことです。恒雄さんが慌ただしく入ってきて、

「困ったなあ、てるてる新聞を落としてしまったんだよ。」

　とおっしゃるので、これには皆びっくりしてしまいました。恒雄さんに話を聞くと、家を出た時には紙袋に入れて手に持って自転車に乗っていき、親戚の清水さんの家へ寄った時には確かにあったそうです。その後、商売の用で二、三軒回り、その時手に持っていたのではくしゃくしゃになると思って、オーバーのポケットに入れたのだそうです。ところが、運が悪い時は悪いもので、ポケットの底が抜けていたとは……。そして気がついた時にはどこに

落としたのかわからず、通った道を探してみたけれども日が暮れて暗くなり、結局見つからなかったとのことでした。

何しろ『てるてる新聞』には家中のあらゆることが書いてあり、強いて言えば我が家の秘密が載っているのですから、あまり他人に見られたくはありません。でも落としてしまった以上は仕方なく、奇跡が起こらない限り出てこないと諦めてはみますが、そう簡単に諦めきれません。今まで苦心して作った一号から、九号だけ残して十号までの九部がごっそり消え失せてしまったのですから、何と慰められても涙が止まりませんでした。しばらくたってから、恒雄さんが新聞をなくした償いにと言って、インクと新聞用紙を持ってきてくださいました。一時はもう発行する気をなくしましたが、皆に励まされてまた新聞作りを再開しました。

幹朗さんは五年生の時から荒町の東北音楽学院に通い、NHK仙台放送管弦楽団のヴァイオリン奏者でもある山家先生にヴァイオリンを習っていました。でも今度三月に東北音楽学院をやめて、鉄砲町に新しくできたヴァイオリン講座で習うことになりました。理由は荒町が遠いことと忙しいことです。今までは学校が終わってから午後三時頃に出かけて電車で荒町まで行き、帰ってくるのは夜九時頃でした。夜は物騒だし、家で心配する方も大変です。しかもレッスンは週二回なので、もうすぐ六年生になって勉強が忙しくなると、通うのが無理になるというわけです。

　一方、鉄砲町のヴァイオリン講座は歩いても三十分くらいで行ける距離のうえ、週一回、日曜日のレッスンで、月謝も半分です。先生は東京音楽学校(1)ヴァイオリン科の卒業生で平家琵琶の名手としても有名な館山甲午先生です。お父さんの友人でもあるので、幹朗さんのことを「坊ちゃん」と呼びます。眼鏡をかけたやさしい感じの先生です。

(1)東京藝術大学音楽学部の前身。

『てるてる新聞』より

ヒヨコ

三月二十一日は動物愛護デーです。県庁前広場で小動物展示会が開かれ、オスのヒヨコを小学生児童に一人二羽ずつ無料進呈するそうです。この日を胸をわくわくさせて待っていた公ちゃん以下ちゃっこめらは、朝ごはんを食べるとすぐ、小雪まじりの烈風の中に吹っ飛ぶようにして出て行きました。もらってきたヒヨコは、なんと全部で十七羽。一人二、三遍もらった他に、友達から四羽もらったのだとか。かごの中で上になったり下になったりして、ピヨピヨピヨピヨピヨとそのうるさいこと。

活動開始！　みかん箱を持ってきてボロ布を敷く者、飲み水を持ってくる者、米ぬかをふるう者、ハコベを刻む者、うんこさらいをする者等々。いったん我が家に落ち着いたヒヨコどもは寒さに震えているので、瓶に熱湯を入れて置いてやりました。

お母さん「そんなことしたって、どうせ死ぬんだよ。」

公ちゃん「いや、育てる自信あるよ。」

義ちゃん「なあに、死んだらトンカツにすっちゃ。」

幹朗さん「バカだあ、ヒヨコのトンカツなってあっかや。」
義ちゃん「んだ。んならヒヨコカツ。」
久美ちゃん「五匹は死ぬね。」
千重子ちゃん「五羽って言うんだいっちゃ。」
公ちゃん「あっ、うんこした。」
姉ちゃん「誰がふかい。」
幹朗さん「おらやんだ。」
公ちゃん「あだしふくがら。」
ヒヨコ「ピヨピヨピヨピヨピヨピヨ」
久美ちゃんと千重子ちゃん「ああ、うるせ！」
と賑やかです。
卵は産まないから、大きくなったら肉をお父さんの栄養補給に役立てようと思ったのに……（クスン）。ずいぶん暖めたつもりでも、その晩のうちに一度に七羽も死んでしまいました。大人たちには、
「それ見さい。明日になったら二、三羽になっから。」
と言われ、いきり立った子どもたちは、次の晩から姉ちゃんの寝床の中に箱ごと入れて寝

るようになりました。おかげでそれから毎晩の犠牲は一羽ずつに減ったもの の、一週間後にはたった五羽になってしまいました。でもその五羽はとても元気でどれも死にそうにありません。白色レグホンらしい白い羽が日に日に大きくなってきたので、皆でそれぞれ名前をつけてあげました。一番毛並みのきれいなヒヨコは「照ちゃん」。首の毛が少しハゲてるヒヨコはハゲ頭の柳家金語楼にちなんで「金ちゃん」。前に足の悪かったのが「モコちゃん」。残りの二羽はオスなのになぜか「久美ちゃん」と「千重子ちゃん」です。

『てるてる新聞』十四号より

ところがヒヨコをもらってきて三週間後、それはあっという間の出来事でした。ヒヨコの大騒ぎする声に思わず振り向いた姉ちゃんの目に映ったのは、ハダシで飛び出てきたおばあちゃんと、ヒヨコをくわえて逃げていくドラ猫です。その日もいつものとおり日の当たる縁側にかごごと出し、おばあちゃん、照ちゃん、久美ちゃんと姉ちゃんの四人で猫を見張っていたのに……。ちょっとの隙を見いだして飛び出てきたドラ猫は、かごに爪を引っかけて引き倒し、一番大きい大事な照ちゃんをくわえて行ったのです。おばあちゃんが石を持ってハダシで追っかけても、猫は四本足、人は二本足。皆が大切にしていたヒヨコなので、学校から帰ってきた公ちゃんと千重子ちゃんはクスン、ポロポロ。

「今度その猫が来たらたたき殺してやる。」

と大変な鼻息です。足が治ったばかりのモコちゃんも、猫に引きずられてまた足をけがしてしまいました。

その一週間後、今度はモコちゃんが奇病に取りつかれました。名付けてろくろ首病。症状は、ときどき首をねじりながら伸ばし、肩が凝った時みたく左右に振ります。その格好が変なので、公ちゃんの友達のヒヨコ屋に診てもらったら、大きくなるほどひどくなって死ぬとの話。結局そのまま薬石効なく、四月二十一日の朝、モコちゃんは春雨そぼ降る中をあの世へ旅立ちました。公ちゃん曰く、

「第一ね、四羽って数が悪いよ。死羽だからね。んだから照ちゃん死んだ時一羽もらったらって言ったいっちゃ。見さい、三羽になったがらっ。」

主に公ちゃんが受け持つはずのヒヨコも、学校が始まってからはもっぱらおばあちゃんに受け持ちが回った形。でも公ちゃんのヒヨコへの愛情はなかなか強く、ヒヨコのご飯が済まないうちは自分も食べません。

残った三羽は鳴き声も太くなり、大きい赤いトサカが歩くたびにゆらゆら揺れて、白色レグホンの一人前、いや、一羽前らしい貫禄が出てきました。箱の中に入っているうちはおとなしくしていても、いったん箱の外に出したら大変。羽をバタバタして頭を低くして走り回り、飛び上がっては突き合い、見合って、見合って、また突き合い。後は何事もなかったような顔で並んで歩き、思い出したようにまた目をむいてケンカを始めます。皆はおもしろがってケンカを吹きかけますが、気が向かなければ知らんぷり。またケンカをするくせに寂しがり屋で、一羽でも見えなくなるとかん高い声で鳴き立て、見つかるとすぐケンカを始めます。この鶏どものエサ代が月二百円もかかるので、何とかしなければと鶏屋に聞くと、半年たたなければ食べられないとの話。

「どうやらメスらしい。」

「いや、必ずオスだから。」

「こらヒヨコ！　オスかメスか返事をしろ。」

こんな会話が五月末頃から盛んに聞かれるようになりました。三羽のうち二羽は体が大きくトサカも真っ赤で大きいのに比べて、残りの一羽は体もトサカも少し小さく貧弱なのです。お父さんが鶏屋にオスとメスの見分け方を聞くと、オスはトサカが真っ赤で大きくぴんと立ち、しっぽもぴんと立つと言います。六郷の針生さんは足のイボで見分けると言い、どうもその鶏はオスらしいとのこと。仕事師（1）の伊藤さんは、オスの発育の悪いのだと言うのです。メスと思う組曰く、

「トサカがいつまでたっても大きくならないし、みかん色で貧弱だ。しっぽもあまり立たない。動作がすべてメスらしい。」

これに対して、オスだと思う組曰く、

「トサカは今から大きくなる。大きくなれば色も良くなる。しっぽだって今に立つようになる。ただ発育が遅いだけだ。同じ食べ物を食べて同じように暮らしていても、公ちゃんと姉ちゃんのごとく体質によって大きくなるのとなかなかならないのがあるんだ。メスだったら無料でくれるはずがない。」

これに対して、メス組は、

「何千羽を一度に見分けるんだから、一羽くらいメスが入っていても不思議じゃない。」

各々勝手なことを議論している時、登美おばちゃんが久しぶりに秋保からやって来ました。さっそく登美おばちゃんにオスかメスか見分けていただいたら、いささか自信のなさそうな声で、

「お尻で見分けるんだけど、この鶏、卵を産む穴がないから、オスらしいね。」

にメス組はガッカリ。オス組は、

「それ見さい。オスだから。」

するとメス組は、

「登美おばちゃんの怪しげなる見分け方ではねぇ。まだ諦められないなぁ。」

と負け惜しみ。

ところが七月九日、その若鶏が今度はメスと診断されました。ときどき家に卵やお米を売りに来る亘理のおばさんが卵を売りに来たので、登美おばちゃんには悪いと思いながら、買ったついでにもう一度見分けてもらったのです。するとおばさんは鶏どもを一目見て、

「ああ、こっずはメスだほれ。あどはやろこだ。こいつたげメスだ、メスだ。」

と判決を下しました。このおばさんの家では永年鶏を飼っているのだから、間違いなさそうです。皆はメスと聞いて、

「これはもうけもの。」

とホクホク顔。九月頃には卵を産むと聞かされて大喜びです。

ヒヨコを飼ってから四ヶ月目の七月二十一日朝六時、金ちゃんが羽ばたきとともに「コケコッコー」の第一声を発しました。「コケコッコー」といってもはじめからそう鳴くのではなく、二、三日前から夕方に「コー」としゃがれ声を出していたのをエサの催促とばかり思っていたら、「コー」の次は「コケコー」で、その次が「コケコッコー」です。まだ人間様が寝ている朝っぱらから「コケコッコー」とやられるので、はじめはおもしろがって聞いていた皆も次の日からは睡眠不足になると悲鳴を上げ出しました。すると人間様に悪いと思ったのか、やがて朝っぱらから鳴かなくなりました。よくここまで育ったものだと、おばあちゃんは感慨無量の様子です。

一方、メスと言われた若鶏はトサカが立ってきて、やっぱりオスじゃないかと諦めの声が出てきました。それにしてもオスならもう鳴いてもよい頃だし、もしメスだったら卵を産んでもよい頃なのにと気をもんでいるところへ、前にメスだと言って私たちを喜ばせた亘理のおばさんがやって来ました。オスらしいとの話を聞き、

「どれ、もう一度見てけっか。」

と鶏を一目見て、

「ありゃほれ、りっぱな男やろこだいっちゃやあ。」

に皆ガッカリ。今食べたっておいしくないから、冬至か寒中に食べた方がよいと教えてくれました。

（1）土木、建築関係の仕事をこなす職人。

魚釣り

『てるてる新聞』より

幹朗さんと義ちゃんはまた魚釣りをしたくなり、友達と約束して釣り行きを企てました。去年の秋に初めて釣りに行ってフナ二匹と小エビ、小ハゼなどを取って以来、ちっとも行かなかったのです。でも二回とも雨に見舞われ、くさっていた二人は、ついに我慢しきれなくなり、四月六日に友達と苦竹まで電車で出かけていきました。ところが、二、三日雨が降り続いた後なので、目的の沼が氾濫していてさっぱり釣れず、おまけに釣り竿を折ったりして、電車賃ばかり損して釣った獲物は長さ二センチくらいの小エビが十一匹とは。いやはや情けない。今度の釣りは散々だと皆にバカにされることとされること。

名誉回復の機会をうかがっていた幹朗さんと義ちゃんは、いよいよ五月三日、新憲法施行三周年記念日で学校がお休みなので、

「金魚鉢に水入れて待っててさい。」

と朝から弁当を持って、苦竹に釣りに出かけていきました。皆はまた小バカにしていましたが、その日の獲物は三寸くらいのフナ一匹と四寸くらいのドジョウ一匹、二寸くらいのカ

ジカ一四、その他に小エビ。帰りの電車の中や駅で、

「おお、すごいの取ったなあ。」

と大人の人たちに褒められたそうです。

それから幹朗さんはヴァイオリンの練習で忙しくなり、一人で魚釣りに行きたくてうずうずしていた義ちゃんは、ついに学校の友達に誘われて多賀城まで釣りに行くことになりました。幹朗さんから釣り道具一式を借り受けましたが、何しろなくし方の上手な義ちゃんのことですから、貸してやる幹朗さんは気が気でありません。

「竿折るなよ。」

「電車の中に忘れてだめだよ。」

と注意たらたらです。それでも元気よく出て行った義ちゃんたちは、多賀城に着いて間もなく雨に降られたそうです。その頃仙台はまだお天気がよかったのですが、午後になると雷混じりの豪雨になりました。義ちゃんは今頃どうしているのやらと気をもんでいてもなかなか帰らず、四時近くになってやっと全身ぬれネズミになって帰ってきました。獲物がないのは当たり前として、さっそく服を着替えさせ、風邪を引かないようにと丹前を着せてすぐに寝かせました。外がすっかり暗くなってもまだ寝ているので、これは変だと思って額へ手をやると、やはり熱があります。とうとう風邪を引いたなと熱を計ったらなんと三十九度二分

もあり、そのまま夕飯も食べずに寝てしまいました。結局学校を二日休んですっかり元気になりましたが、お母さんに、

「これでもう釣りは懲りたでしょ？」

と聞かれ、義ちゃんは、

「なあに、まだまだ懲りるもんか。」

そして九月二十三日、幹朗さんと義ちゃんはお彼岸の中日なのにと止めるお母さんを説き伏せて、また多賀城の川まで釣りに行きました。例によって、

「食われもしない物二、三匹釣ってきたって何になる。」

と言われ、

「よーし、今日は必ず十四は釣ってくるから。」

と約束して出て行きました。やがて三時半。二人ともニコニコして帰ってきて、

「大きなウナギ取ってきたよ。」

というので、

「その反対でしょ。」

と相手にしないと、

「よーし、驚くな。」

と前置きして取り出したのが、一尺三寸あまりの大ウナギ。いつもはミミズのような小ウナギしか釣ってこなかったのですから、皆びっくりです。その他にもサワガニ二十三匹と子ハゼを三匹取ってきました。

ウナギを釣り上げた時の様子を幹朗さんに聞くと、

「僕が糸を垂れていると手応えがあったので、ぎゅっと引っ張ると何かに引っかかったような感じがして、いきなり引っ張ったら大きなウナギの頭が見えたから、もう夢中で引っ張った。釣り上げたら、今度は捕まえるのにひどかった。遠くで釣ってた人まで、『うわあ、すごいの釣ったな。』と皆寄ってきた。もううれしくてうれしくて、飛んで歩ったなあ。電車の中でも駅でもたまげられたよ。これでたっぷり一人前の蒲焼きできるね。これを褒めなかったらどうかしてる。」

と大変な鼻息。そこへちょうど遊びにいらした斉藤さんにも、

「こんな大物は川ではめったに釣れないんだ。」

『てるてる新聞』二十号より

などと褒められたもんだから威張ること威張ること。ウナギはその後四日間生きていましたが、朝早く幹朗さんと義ちゃんの手で解剖され、お母さんに蒲焼きにしてもらってその日のお弁当のおかずになりました。大変おいしかったそうです。

東北こども博覧会

『てるてる新聞』より

昭和二十五年四月二十日、待ちに待っていた「東北こども博覧会」がいよいよ幕を開けました。第一会場が榴ヶ岡天満宮境内で、第二会場は仙台駅前です。第一会場には子どもたちが喜ぶものがいっぱいあり、その中でも特におもしろそうなのが「フェアリーランド」です。そこにあるのは「語るピノチオ」。スイッチを入れると皿の上で卵が回る「回転卵」。ピノチオが前を通る人の頭をポンとたたく「おつむポンポン」。特種レンズを応用した「まぼろしの花」。五種の凸凹レンズで自分の姿が長くなったり幅広くなったりする「鏡の室」。光線の応用で室全体がグルグル回るような錯覚を起こす「グルグルお室」。ピノチオの鼻をつまむと電気を発する「魔法の鼻」。その次は深い谷間の橋の下から風が吹いてきたり、道の真ん中にグルグル回転する円盤があって、一歩足を踏み出すと足を取られて目が回る道路。ピノチオが運転するロケット。ロケットの次は「オルゴールの道」。そこには落とし穴があって、落ちると正面舞台の影絵が踊り、天井から音楽が聞こえるという不思議な道です。とにかくおもしろそうなので、子どもたちは早く行きたいと待っていました。

五月三十一日で終わるはずのこども博は日延べになり、まずは登美おばちゃんが五月中旬にはるばる秋保から坊やを連れて見に来て、その後おばあちゃんと久美ちゃんが五月二十五日に、他の子どもたちは翌週の日曜日に見に行きました。以下、その見学記です。結論は、「おもしろくない。」

皆不平たらたらです。

久美ちゃん「うんとふとっているカメいたよ。大きな熊もいた。あとは久美ちゃん、ころんでばかりいたから、おもしろくなかった。」

おばあちゃん「平日だったしもう大抵の人は見てしまったとみえて、人の入りは寂しいくらい。たまに修学旅行中の中学生が来るだけさ。サークリングも人がいないので動かないし、豆汽車は動いったども、少ししか乗ってないし。音楽堂ではハーモニカ吹いたり、ヴァイオリン横ちょにして（ギター）付け木コのようなのではじいだりしてだども、見物人少なくて気の毒だから四、五曲聞いてきた。その後でした教育犬の実演には感心したね。一匹の黒っぽいメス犬でね。舞台にいろいろなたばこが机の上にあってね。聞く人が『バット(1)を持ってきなさい』と言うとちゃんとバットを持ってくるし、『三十円のたばこは？』と聞くと三十円のを持ってくるし、『三十円に十五円足したたばこは？』と言うと四十五円のたばこを持ってくるよ。それから赤白黄青だのといろいろなハンカチが置いてあってね。『お酒を飲むとどんな顔色になりますか?』と聞くと、犬は赤いハンカチをくわえてくるんだよ。『お金を払う時、どんな顔色になりますか?』と聞くと、青色のハンカチを持ってきたのには皆笑ったね。それから小さい石板を客に渡して物の名前を漢字で書いてもらったのを並べてね、石を持ってね、『これは何ですか?』と聞くと、『石』と書いたのを持ってくるよ。『お前は何という動物か?』と聞くと、『犬』と書いたのを持ってくるんだよ。まったくよく訓練したと思ってね。後はくだらないね。あったらもの見なくてもいいね。」

登美おばちゃん「あまりこばかくさいんであきれたね。いくら子ども本位だってね。水族館て言うから何がいるかと思ったら、フナと金魚と鯉とドジョウ。こんな魚なら誰だって知ってるさ。岡地で凸凹で窮屈で、去年のグランドフェア(2)より悪い。宣伝上手に皆つられるんだね。」

千重子ちゃん「犬とお猿とケンカしたのを見た。汽車に乗ったけどおもしろくなかった。サークリングはうんと待たされて乗ったから、安パイは安パイけどおもしろくなかった。」

義ちゃん「カメと熊が見たくて行ったのに、カメは死んでいたのでがっかりした。熊は小さいのかと思ったら大きなメス熊なのでびっくりした。オウムがいたので『こんにちは』と言ったら、『こんにきわ』と答えた。あとはさっぱりおもしろくなかった。」

幹朗さん「フェアリーランドの語るピノチオに『こんにちは』と言ったら、『あなたのネクタイいいですね』と言われた。熊は身長一間⑶くらいもある大物なのでちょっとびっくりした。クジャクの鳴き声初めて聞いた。羽もとてもきれいだった。」
公ちゃん「追いかけてきた久美ちゃんがぐずぐずばかり言うのでさっぱりおもしろくなかった。フェアリーランドだって期待していたほどじゃないしね。もっと感想はないかって？　もうないよっ！」

（1）紙巻きたばこの銘柄「ゴールデンバット」の通称。
（2）昭和二十四年春に仙台市制施行六十周年記念事業として開催された仙台復興祭グランドフェア。
（3）尺貫法の長さの単位で、一間は六尺、一間×一間が一坪。

水害

『てるてる新聞』より

七月十九日は朝から蒸し暑く、お父さんは体の具合が悪くてお店を休み、幹朗さんは風邪を引いて学校を早退してきました。公ちゃんを除いた皆は、あまりの暑さに一雨降ってくれればよいなとうだりきっていました。するとその願いを聞いたかのごとく、北の空から曇り始め、雷の音も混じってきました。見る間に北と西の空は不気味な黒雲に覆われ、ピカッピカッと稲妻が光り、遠くから雷の音が聞こえてきます。皆が窓から暗い空を眺めて高見の見物としゃれこんでいるうちに、雷はだんだん大きくなってきました。ピカッと光るたびに、

「それ光った！」

と皆が叫べば、ゴロゴロと鳴るたびに照ちゃんは大はしゃぎです。周りの人が騒ぐので一緒になって騒ぎ、全然怖がりません。

そうこうしているうちに大粒の雨が降り出しました。それがだんだん激しくなるにつれて雷の音もさらに大きくなり、最初のうちはおもしろがっていた子どもたちも、稲光がするた

びに悲鳴を上げ始めました。雷はいよいよ間近に迫り、地響きまでするすさまじさです。子どもらはすっかり怖気づいて耳をふさぎ、

「蚊帳吊ってけさいー。」

「安全器切ってえ。」

と恥ずかしながら姉ちゃんまで騒ぎ出す始末。すると、窓に当たる雨の音と一緒に、小石の当たるような音に気がつきました。なんとそれは直径一センチくらいの雹《ひょう》で、雨に混じって降ってくるのです。初めて見る雹に、皆は怖いのも忘れて珍しそうに眺めていましたが、それも束の間。外は斜めに吹きつける雨の激しさに水しぶきがすごく、まるで霧がかかったようです。窓にはカチンカチンと音を立てて雹がぶつかり、屋根からはトヨからあふれた雨が滝のように流れ落ち、庭は川と化し、乱れ飛ぶ稲妻にとどろく雷鳴。そのものすごい光景に、義ちゃんは泣き声を上げ、千重子ちゃんも泣き出しました。

ようやく蚊帳を吊ってもらいましたが、今度は座敷から蚊帳を吊った離れへ行くまでが怖くてなかなか行けず、結局お父さんまで蚊帳の中へお相伴。蚊帳の中でも姉ちゃんはブルブル、ガタガタと震え、ピカッと光るたびに、キャーッと黄色い声を出し、

「雷よりうるさい。」

とお母さんにからかわれたりで、そのだらしないこと。

二、三ヶ所は落ちたらしいと話し合っている時に、鶏小屋が大変なことになっていると気がつきました。屋根からの滝に羽はびしょぬれ。屋根板を上げてやろうと縁側の戸を開けると、吹き込む雨にたちまち洪水。おまけに普通は漏らない所五、六ヶ所からの雨漏りに、それたらいだ、バケツだと大変な騒ぎです。でもいつしか小降りになって、皆のほっとした顔々。一時泣き声を出した義ちゃんは急にいばり出し、

「なあに、雷きたらぶんなぐっつお！」

とげんこつを振り回して皆を笑わせました。家のそばには雷木こそなくても大きなくるみの木や栗の木があるので、ピカドンとこられるとまったく命が縮まります。

翌日の新聞によると、十五分間雹が降り、落雷は電車の車庫と、北三番丁のトランスに二回、それにお客を十四人乗せて進行中の電車にと計四ヶ所。でも乗客にけがはなかったそうです。

七月末から今度は熱帯低気圧による大豪雨が仙台を襲いました。仙台名物の七夕祭りを翌日に控えた八月四日朝、連日の豪雨にあふれ出した広瀬川は、評定河原の動物園跡の住宅や愛宕下、霊屋下《おたまやした》、及び堰場《どうば》一帯の家百数十戸を一飲みにして、多くの被災者を出しました。

この日、お父さんと一緒にお店で働いている調律師の森さん宅も流されたとの連絡がお店に入り、お父さんが急いで家に知らせに来ました。お父さんのお話によると、報《しらせ》を聞いてお

店の人が新河原町の森さん宅に駆けつけた時には胸まで水に浸かって行ったのが、帰りは中田の堤防が破れたために濁水は嘘のように退き、跡には泥と流された家の残骸が残り、被害者はお寺や学校に収容されているとのこと。森さんは猿又一つでいるし、生まれて間もない赤ちゃんのおしめもないと言うので、さっそくお見舞いにおしめや照ちゃんには小さくなった産着、お父さんの夏ズボン、子どものズボンなどをあげることにしました。

豪雨をついてお見舞いを持っていったお父さんが、しばらくして帰ってきました。するとどうでしょう。カッパを着て自転車で行ったのに、帽子は絞れるほどびしょぬれ。ズボンもびしゃびしゃで、ズロースまでぬれた様子です。体に毒だとさっそく着替えようとして紺色のズボンを脱いだのにまた紺色が……。はてなと思ったトタンにものすごい爆笑。笑うはずです。染めたばかりの紺色のズボンの色が落ちて、真っ白なズボン下がすねまで青く染まっているのです。おまけにズロースまで。皆は青いズボン下を前に、お腹の痛くなるほど笑いました。

森さんたちは、真っ先にあげた見舞品に大喜びだったそうです。お父さんは電車道路の上に魚屋の水槽などのある泥の中を自転車でこいだり、下着までぬれたり、体によくないことをしたので、一時変な咳が出たりして心配しましたが、別に悪くもならず、何事もなく済みました。

七夕祭りはやむなく十一日から三日間と日延べになり、家では市に先がけて六日に竹飾りが完成しました。とはいっても金詰まりの時なので、くす玉や吹き流しなどの大物は去年取っておいたのをそのまま使い、それでもきれいに飾られました。また、去年のように竹飾り小型版を作り、お父さんのお店にも飾りました。

いよいよ七夕祭り当日、前日の雨にもかかわらずとてもよいお天気に恵まれ、五色に彩られた番街は、夜は殺人的なごった返しぶりで、三越から藤崎までの間を歩くのに二時間もかかると新聞は報じています。毎年七夕は昼のうちに見物するので夜の美しさはわからないのですが、今年は照明コンクールも行われるので、夜見物してみることにしました。ところが大変な混雑ぶりに、久美ちゃんや千重子ちゃんはつぶされそうになり、大人も息が詰まりそうで、第一日目は満足に見物もせ

『てるてる新聞』十九号より

ずに逃げ帰りました。

　三日目は幹朗義茂御両人、朝六時半にごはんも食べずに我が家を出発しました。今日こそはと四時間半にわたって番街を見物し、おまけに腹ペコのまま西公園や藤崎屋上で遊んでくるという、七夕見物長時間記録を作りました。また、最後の日なので、前日見落とした所を見ようと、夜はお母さんと女子《オナゴ》たちがもう一度見物に出かけました。さすがに三日目なので人足少なく、ゆっくり見物できたそうです。ネオンサインに目を見張り、一寸法師やスカートをはいたガイコツらしき仕掛物の前にたたずみ、久美ちゃんは居眠りしながら歩いたのだとか。なお、飾りつけコンクールの結果は、竹飾りでは東一番丁の「さんご」、仕掛物では及川時計店の一寸法師が各々一等になりました。

慰問

『てるてる新聞』より

　七月九日、蓮坊小路小学校講堂で「子供音楽祭」が開かれ、幹朗さんは東六番丁小学校代表としてヴァイオリンを弾きました。伴奏は公ちゃんで、曲名はバッハ作曲「ルーレ」です。この音楽祭で一等になると東京の音楽祭へ行けるというので、幹朗さんの友達男女十七人も応援に駆けつけ、二人とも張り切って演奏しました。ところが残念にもヴァイオリン出演者がたった二人だったため競争にならず、優良賞をもらいましたが東京へは行けなくなってしまいました。幹朗さんは、

「自分で不思議なくらい上手にできたと思ったよ。僕の番は第一部の二番目だからあんまり早すぎて分が悪いんだ。でも優良賞に入ったからまだいいさ。」

　とあっさりしているのに、公ちゃんは本人よりも惜しがって、

「幹朗さんはとってもよくいったのにねぇ。ヴァイオリンの人もっと出れば、東京にも行けたのにねぇ。うう、くやしいっ！」

　と地だんだ踏んだり、げんこつを振り回したり。ちょうどその時、審査員だった海鋒義美

先生の『東北うたの本』の放送が聞こえてくると、

「憎らしい。」

と言ってラジオを切るなど、大変な悔しがりようです。

東京へ行く三人の代表（独唱二人とピアノ一人）と優良賞に入った幹朗さん他二人（独唱とピアノ）は、十二日の五時十五分のラジオ番組『子供の時間』に出て放送されました。ご褒美に帳面二冊、鉛筆二ダース、シャープペンなどをもらい、夜はお母さんのちらし寿司で残念会及び慰労会を開きました。

幹朗さんはそれから九月の音楽コンクールに出るために猛練習を重ね、目立ってヴァイオリンが上達してきました。コンクールに先立って、八月二十七日に東北大学講堂で水害義援金募集音楽会が開かれ、館山先生の所属している仙台市民交響楽団と一緒に幹朗さんも出演することになりました。独奏で、曲はコンクールの課題曲と自由曲でもある、ボッケリーニの「メヌエット」とグノーの「アヴェ・マリア」です。あいにくその日は朝からの豪雨で、客足も鈍るだろうとの予想に反して八分ほどお客が入り、幹朗さん公ちゃんの名コンビの演奏は、めったに褒めてくれないお母さんが褒めたほどの上出来だったそうです。その後、交響楽団にも交ざってバッハのルーレを斉奏しました。お父さんも鼻が高いといったところです。

そしていよいよ九月九日、仙台市主催第四回小中学校音楽コンクールの予選が開かれ、東六番丁小学校代表として参加した幹朗さんは、小学校高学年ヴァイオリンの部で見事一等賞を勝ち得ました。去年は初めてのコンクールで、等級を決めなかったので張り合いがありませんでしたが、今年は参加者に番号をつけて別室で審査をする方法に変わったので至極公平です。今年はどんなに上手な人が出てくるかとの心配をよそに一等賞になったのですから、幹朗さんと伴奏した公ちゃんはもちろんのこと、お父さんたちも大喜びです。館山先生も、一番弟子を見つけたと大喜びをなさったそうです。学校代表として出たので、学校の先生からも喜ばれ、学級新聞の記者にまで、

「一等入選のご感想は？」

などと聞かれて、幹朗さん、まごついたそうです。

すると今度は東六番丁小学校で音楽を教えている坂本登先生からお声がかかり、朝鮮での戦いで傷ついた国際連合軍の兵隊さんを慰問する会に幹朗さんが参加することになりました。場所は北一番丁の第百七十二ステーション・ホスピタル(1)です。十月七日、ホールに兵隊さんたちが集まり、まず坂本先生がアコーディオンで「ビア樽ポルカ」などを弾いて、その後公ちゃんの伴奏で幹朗さんが「スワニー河」など数曲を演奏しました。コカコーラを出されて飲んでみたら、薬くさくて吐き出しそうになったそうです。

その翌日には常盤木学園講堂で音楽コンクール入選者の発表会が開かれ、幹朗さんは仙台市長から賞状をいただきました。これで一通り終わってほっと一息。水害義援金募集音楽会の時からこれまで、館山先生がご自分で塗られたという玉虫塗のピカピカとあずき色に輝くヴァイオリンをお借りしていたので、今度それをお返しするにあたり、お礼の示しとして鶏を一羽先生に差し上げることにしました。三羽のうち、一番大食らいで一番大きく一番乱暴な「耳きず」に白羽の矢が立てられ、家で育てた鶏を自分の家では殺せないので、鶏屋へ持っていって絞めてもらうことにしました。お父さんが耳きずを捕まえてかごに入れて包んでも案外騒がず、おとなしいだけに哀れに見え、

「いくら乱暴な奴でもかわいそうだ。」

と姉ちゃんが言えば、

公子の伴奏で演奏する幹朗

「食べられる動物は、食われた方が極楽に行けるんだよ。」

とおばあちゃん。こうしてヒヨコから育てた鶏が一羽、あの世へ旅立ちました。

先日の国連軍の慰問で坂本先生のアコーディオン独奏とともに一番人気があった幹朗さんは、もう一度来てくれと病院から頼まれ、十一月四日にまた慰問してきました。曲目はシューマンの「トロイメライ」と姉ちゃんが編曲したフォスター名曲集で、伴奏は公ちゃんです。今回はホールの他に病室を四つ回って、お礼に豆チョコレートを二袋ずつもらいました。

二人の話によると、

「広い病室に黒人も混ざってて、重病人はベッドに寝たまま。軽い人は廊下で遊んでる。演奏が終わるたびにピイピイと口笛を鳴らして賑やか。アンコールを頼まれてフォスターのスワニー河をやった。大きなピアノを車にのせて、エレベーターで楽に持ち運びするのにはびっくりした。」

幹朗さんと公ちゃんのコンビは、その後もときどき頼まれて行くようになり、そのうち毎週日曜日に行くようになりました。行くたびにチョコを二袋ずつもらってきますが、商売人じゃないので曲の種切れになりはしないかとちょっと心配です。ところが気まぐれなアメリカさんは予定日を変え、慰問時間の二、三時間前に言ってくることがあり、そのたびに大慌てです。何曲弾こうか、一度弾いた曲はだめ、あれは自信がない、と曲目の選定に頭痛鉢巻。

ある時は二時間前に言われ、大慌てで学校から帰った幹朗さんは、伴奏者の公ちゃんがまだ学校から帰らず大弱り。やがて帰った公ちゃんもそれを聞いてギョッ。急いで駆けつけて何とかごまかしました。またある時は曲を用意してなかったので、あわよくば断り、だめな時は前にやったのを……と悲壮な覚悟で出て行ったら、幸か不幸か坂本先生が来なかったので、ほっとして帰ってきました。すると明くる日、連合軍から学校へ、

「昨日将校夫人たちのパーティーがあって待っていたのに、なぜ来なかった。」

と怒鳴りこんできたのだとか。幹朗さんと公ちゃんの二人は、

「慰問するのはいいけど、ふいに言われるのが一番困る。でも文句は言えないし……。」

外は寒くても病院の中は皆半袖でいるくらい暖かくて、公ちゃんは立っているだけで汗びっしょりになるのだそうです。

（1）進駐軍に接収された仙台簡易保険局に設けられたアメリカの陸軍病院。

お床上げ

『てるてる新聞』より

一時は死にそうにまでなって一命を取り留めたお父さんですが、もうすっかりよくなって毎日お店に通うようになってからも、まだ病気の状態がはっきりしなくてお床上げもできずにいました。そこで八月二十一日、厚生病院でレントゲンを撮ってもう一度診察してもらった結果、古い病気の傷だけで新しい病気はまったくなく、結局年末の疲れと変わった型の急性肺炎だったのではないかというお話でした。それではさっそく全快祝いをした方がよいと、二十三日に行うことに決めました。

幸いにして登美おばちゃんが秋保から出てきていたので、当日はお母さんと二人で朝から腕によりをかけてのごちそう作りにてんてこまいの大忙しです。

「お客さんのお酒を飲むところが見たい。」

「ごちそうがたくさん食べられる。」

と大はしゃぎの子どもたちは、お母さんに、

「何言ってんの。忙しくて忙しくて子どもたちはそっちのけだよ。」

と言われても平気の平左。やがて夕方の六時ともなれば、前日お招きしたお客様がぼつぼつ見え始めました。いやしこどもは、

「あっ、あの人、お菓子折持ってきたよ。」

「ほら、果物かごだ。」

「しめしめ、スイカ。」

そうこうしているうちに一同そろったので、お父さんのご挨拶があり、続いて会食。女の人にはサイダー、男の人にはビールとお酒が出されました。最初のうちこそ静かに飲んでい

『てるてる新聞』十九号より

たお客さんも、少し酔いが回ってくると話が弾み、お父さんが危篤の時の話から、生死の間をさまよっている時に見た幻の話。水害のものすごかった話から、水死人を見た話。それがだんだんと発展して、元機関手をしていたというお父さんのお店の澁谷さんが、汽車で人をひき殺したり馬をひいたりした後に、便所で冷たい手でお尻をなでられたとか、果ては女の生首がケタケタ笑ったなど、実演つきのお寒い話に、夏らしいお床上げになってしまいました。

はじめは茶の間でかしこまって怪談を聞いていた子どもたちは、話がすごくなってくると涼しい茶の間にはいたたまれず、お客さんのいるお座敷の方にじわりじわりと自分の席を移し始め、話が最高潮に達した頃には、二、三人帰ったお客の席に座り込んでいて笑われたり。お客さんのお帰りには引き出物として、紅白の鶴の子餅を差し上げました。かくて涼しいお床上げは十一時半に閉会しました。

同じく二十三日、東京の上野動物園にいる珍しい動物を地方の子どもたちに見せるために編成された移動動物園が、いよいよ仙台にもやってきました。一番人気は象のインディラさんです。戦争で象がいなくなってしまった上野動物園に象が欲しいという子どもたちからの手紙に応えて、インドのネルー首相が送ってくれた象さんで、今年十六歳。目方が七百六十貫もあるそうです。仙台にも評定河原に動物園がありましたが、戦争中に閉園した後空襲で焼けてしまったので、象を覚えているのは姉ちゃんだけです。そのインディラさんを見学しようと、二十六日、照ちゃんも交えた子どもたちはお母さんに連れられて、第一会場の宮城野原へ出かけました。象の他にもメスのライオン、マントヒヒ、クジャク、小熊、キツネ、オウムなどが来ました。以下子どもたちの見学記です。
久美ちゃん「おっきな象が久美ちゃんの前通っていっておっかなかったよ。象さん橋渡ったよ。お猿さんもいたから久美ちゃんなでてやったよ。おっかなくないってば。」
千重子ちゃん「象っておとなしいね。初めて見たからうれしかった。猿コはめんこいけどマントヒヒはいやだね。真っ白い毛がぼうぼうって、お尻ばかり真っ赤でみったくなくてすごかった。」
義ちゃん「僕は象が鼻を振りながら挨拶に来た時、象のおなかに触ったら、ぶよ～ってゆうの。象の歩いた後に、おっきな足跡つかってものすごいね。」
幹朗さん「まったく大きいね。碁盤乗りも丸太渡りも上手なもんだね。象が得意な時は、あの長い鼻を高く上げるんだって。ライオンはオスがこればよかったのに。」
公ちゃん「私も象初めて見たけど、予期してたより大きくないね。象使いが象の背中に乗る時に、あの太い足をちょっと曲げて段を作ってやるのには感心したね。」
象見物を終えて家へ帰ってきた一行は、買い物かごからお土産を次々と出して見せました。

象の形のパン、ゴムで作った象人形、象のお面、象の時間表、象の写真、と象だらけで、照ちゃんは象を二頭手づかみで頭からもりもり食べる豪傑ぶりです。また、動物園前で買ってきたという、ゴム製で吸い付くようにできているイモリと七寸もある大グモを、クモ嫌いで有名な姉ちゃんの前に持ってきたので、

「キャーッ！」

何しろ本物そっくりに作ってあってペタペタ吸い付くので、ガラス窓にへばりついているクモを見ると、クモを怖がらない人までゾッとします。

『てるてる新聞』十九号より

さて、お床上げの日に大きなスイカをいただいて子どもたちは大喜びでしたが、あいにくと次の日は涼しすぎ、その次の日は雨で、なかなかスイカ日和になりません。待ちかねた幹朗さんが、去年スイカを割ってしまったために早く食べられたことを思い出し、今年もまたその手を使おうと義ちゃんと二人で共同犯行を思い立ったところをお母さんに怪しまれ、

「割った人には少ししかやらないよ。」

と言われてギョッ。

ところが運命の神のいたずらか、間もなく誰かがスイカが真ん中から真二つに割れているのを発見しました。一騒ぎ持ち上がり、疑いはすぐに幹朗さんと義ちゃんにかかりましたが、義ちゃんは全然スイカに触らなかったと言い、幹朗さんは照ちゃんと二人でスイカ転がしをして遊んだが、その時は絶対に割れていなかったと言い、スイカが勝手に割れることはないしと怪しみながらも、さっそく割れたスイカを食べることにしました。

はじめは寒くてスイカなんか食べられないとブツブツ言っていた御仁《ごじん》も、一口食べれば現金なもんで、たちまちペロリ。食べ終わってから皆が、義ちゃんと幹朗さんと二人で照ちゃんにスイカを持たせたんじゃないかなどと言えば、義ちゃんニヤリ。照ちゃんが割ったことにすれば文句はないと、皆で、

「照ちゃんにかつけろ。照坊にかつけろ。」

お母さんのおっぱいにすがっている照ちゃんに、

「照ちゃんが割ったことにするからね。」

に、照坊、

「うん。」

これで二回目のスイカ騒動にケリがつきました。

『てるてる新聞』より

カロ

十月一日は日曜日。鶏のエサにイナゴがよいと聞いた公ちゃんは、子どもたちを動員して小田原田んぼへイナゴ捕りに出かけました。戦中戦後によく学校でイナゴ捕りをさせられた皆は、手際よく二つの袋に五、六十匹くらい収穫して帰ってきました。イナゴの好きな義ちゃんと千重子ちゃんは、

「鶏にやらないで、僕たち食べっから。」

と言いますが、お母さんが嫌だとおっしゃいます。

その夜、子どもたちがこたつに集まって袋の中で跳ねるイナゴの音を聞いていたら、久美ちゃんが誤ってイナゴがいっぱい詰まった袋を破ったから、さあ大変。生きのよいイナゴが茶の間中に散らばり、虫の嫌いな姉ちゃんと久美ちゃんは悲鳴を上げて退散。逃げ遅れた千重子ちゃんはイナゴに攻められ逃げ惑い、とうとう仏様に追い詰められました。

そこで義ちゃんと公ちゃんは部屋中に散らばったイナゴを捕まえ出しました。公ちゃんは怖くなくとも飛びつかれればキャーッと飛び上がり、千重子ちゃんのところへもイナゴが飛

びつくので、半ベソをかきながら茶ダンスの枠を徐々に登り、しまいには仏壇の上で半泣き。全部捕まえたというのでやっと落ち着くと、久美ちゃんの背中についていて大暴れをしたり、枠の下に隠れていたのが忘れた頃に飛び出したりして大騒ぎを演じました。

この頃から方々で子犬が生まれ、犬好きの公ちゃんをはじめ子どもたちはもらいたくてうずうず。去年もちょうど今頃犬をもらう話が持ち上がり、ちゃんと犬小屋まで作ったのですが、その子犬が死んでしまったためオジャンになりました。お母さんやおばあちゃんは、

「子どもが大勢いるのに犬こなどいらない。」

とおっしゃっていたのですが、最近になって、

「もし寂しい所へでも引っ越したら物騒だから、犬でも飼わなくちゃ。」

などとお母さんが言い出したので、さっそく幹朗さんは友達に子犬を予約しました。それが九月末に生まれて乳離れもしたので、いよいよ御輿入れという十一月十五日。お父さんの

『てるてる新聞』二十一号より

許しも得て大喜びの子どもたちに、

「まだ家も落ち着かないのに犬どころじゃない。」

とお母さんが断を下し、おばあちゃんも、

「子どもと鶏だけでたくさんだ。」

と言い、トタンにガッカリ。義ちゃんは座って動かず、学校を遅刻してしまいました。

やがて夕方になって皆諦めた頃、犬を予約していた六軒丁の永井さんが、犬を取りに来いと誘いに来て大困り。六匹生まれたのを全部投げるところだったのに、家で予約したから育ててやったんだと言われては今更断るわけにもいかず、お母さんブツブツ。それに永井さんは、今日は戌の日だから早くもらってくれと言うので、今日中にもらわぬわけにはいかなくなりました。

さっそく子どもたちは歓声を上げて飛んでいき、オスの子犬を連れて帰ってきました。毛が茶色でしっぽと顔に黒すじが入っていて、一見役者顔。丸々と太って毛並みがきれいでかわいい犬ですが、顔が滑稽なので顔さえ見れば笑いたくなります。

今晩はさぞかし鳴いて眠れないだろうと皆が心配すれば、まだ寝ないうちからクンクン鳴き出しギョッ。鳴き方もクンクンだけでなく、キャン、ワン、ニャオ、ピヨなどといろいろに聞こえ、一ヶ月半もたった子犬だけに声も大きく、玄関においたので反響が大きくやりきれません。

　ふと、以前ラジオの放送劇の中で、親が恋しく鳴く子犬に時計のセコンドを聞かせると黙ると言ったことを思い出し、このチャンスに実験してみることにしました。すると不思議におとなしくなり、それから一時間半ばかりの間はワンとも言いません。犬とセコンドはどんな関係があるのかと首をかしげているところへ間が悪くお客さんが来て、それからはセコンドも役に立ちません。あまり声が大きいので、その晩は台所の土間において寝たら、一晩中鳴いたり寝たりしていたようです。

　翌朝、皆の早く起きたこと。さっそく犬のところに馳せ参じました。犬の名前はカロ。姉ちゃんが小さかった時に飼っていた犬と同じ名前です。「ポチもカロもこいこい」という童謡からとったそうで、お父さんの話では姓名学上もよい名だそうです。

　一方、先日一番大きな耳きずに先立たれて残った「金ず」ともう一羽の鶏も、照ちゃんの誕生日に食べられるため、十一月二十六日にあの世へ旅立ちました。鶏屋ですっかり肉にしてもらったら相当あり、おばあちゃんの見立てではたっぷり五百匁《もんめ》はあるそうです。はじめはかわいそうだの気持ち悪いだのと言っていた人も、大きな肉切れを見て、

「うわ、うまそうだ。」

　さっそく翌晩に鶏鍋にしましたが、うまいうまいと食べすぎて胸がムカつく人三、四人。

義ちゃんは吐いてしまいました。

「おお、金ずのたたり、恐ろしや。」

また翌日は親子丼と、久しぶりにたらふくと鶏肉を食べて皆大満足でした。

引っ越し

『てるてる新聞』より

お父さんが病気をした時の費用が大変だったらしく、お母さんはお父さんの自転車からいろいろと大事にしていた昔の物まで売りさばいたようでした。それでも結局家屋敷を売り払うことになり、また街中でレコード屋を始めるため、南町通十三番地に店付きの家を借りました。

この引っ越しを機会に、福島のおじさんにお借りしていた家具もお返しすることになりました。ところが、家にあったタンス二棹《さお》、洋ダンス、茶ダンス、戸棚などは全部おじさんの物なので、持っていかれた後の不自由さ。ボロ風呂敷やボロ行李《ごうり》を引っぱり出してあふれた物を入れ、

「あれはどこへいった？」

「これはどこにしまうの？」

と大騒ぎ。「買物ブギー」じゃないけれど、

「てんやわんやの大騒ぎ、てんてこまいの忙しさ。何が何だかさっぱりわからず、どれがど

れやらさっぱりわからず、それがごっちゃになりまして、わてほんまによう言わんわ。」

いよいよ昭和二十五年十二月二十日、長年住み慣れた新小路の家にさよならしました。戦災にあったのでこれといった道具もないのに、ガラクタや小道具類があるわあるわ。引っ越し当日は六郷の針生さんと仕事師の伊藤さんに手伝ってもらい、馬車に三台、リヤカーに数回と真っ暗になるまで運びました。それでもまだガラクタが残っているのには、よくもこんなに出るもんだと感心してしまいます。新居は南町通りから南光院丁に入って右側四軒目。一階に店と台所とトイレがあって、階段の入口で靴を脱いで二階に上がると六畳間があり、その奥に三畳間があるだけです。

その晩寝る時になって、九畳に六組の布団を敷くのに頭をひねりました。床に入ってからも市電の通る音がしょっちゅう聞こえ、お母さんたちはまるで東京の旅館に泊まっているようだと言います。照ちゃんは別にお家に帰ると言って泣くわけでもなく、子どもたちも二階から賑やかな街を見下ろすのは初めてなので、珍しく眺め回します。東の窓からは駅前のネオンサインも見え、すぐそばには「日動火災海上」のネオンがあり、照ちゃんたちは目を丸くして見ています。また、東の空は何も遮る物がないので、丸い月がオレンジ色で昇るところから見え、本当によいお月見ができます。

朝になると、照ちゃんがびっくりすることが起こりました。斜め向かいの南松竹の前にズラリと並んだ露店飴屋が色とりどりの飴を山と積んでお客を待っているのです。家の向かいにも一人飴屋が来て、喫茶店ロビンスの隣にも太白飴を作りながら売る店があり、ガラス越しに飴をこねているところや飴を切っているところが見えます。飴屋だらけで誠に目の毒です。でもあまり騒ぎません。昼間は電車、自動車、バス、トラックが通るのを見ていると退屈せず、照ちゃん大喜びです。

映画館のそばなのにわりと静かです。中央市場が近いので買い物は便利ですが、値段が高いそうです。隣が飲み屋で棟続きなので、ときどき夜遅くまで酔っ払いが騒いでいるのが壁越しに聞こえてきて寝られないことがあります。また、家が建て込んでいるので火事が心配です。それからお風呂がないので、銭湯へ行かなければないのが不自由です。

さて引っ越しの時に、永井さんからもらったカロが問題になりました。人間様でいっぱいな狭い家に犬まで連れていけないので、近所で欲しい家はないかと探しましたが、どこでも断られました。今晩から宿なし犬になるのかと子どもたちは一時心配しましたが、家に後に入る人が犬が欲しいと言ったので一安心。翌日からごはんを運んでもらって、野良犬になる運命を免れました。

「今度の飼い主の方がごはんの量が多いや。」

とはカロの弁。ここらでちょっと引っ越す一週間前のカロの手記をのぞいてみましょう。

「僕はカロである。ここにもらわれてきてから約一月たって、やっと僕にも友達らしい友達ができた。相棒の名はクロ。もっともこの名はここの豆主人がつけた名で、本名は知らない。家は錦町らしい。僕より半年早生まれだ。初めて庭で顔を合わせた時からすっかり意気投合した。僕は小さいせいか甚だ無鉄砲なので、あまりうるさくしすぎていきなりワンとやられることがありすぎる。がそこは友達、すぐ仲直りする。クロの他に年上の友達が二、三匹いるが、僕がうるさくするので逃げられてしまう。ところがクロと仲良くなった晩、クロはいつまでたっても家へ帰らず、僕の小屋で寝てしまった。ずうずうしいのにもあきれたが、一晩くらいはと思って二匹で寝た。がその晩から毎夜僕の小屋へ宿りに来る。僕は二匹で寝た方が暖かくていいようなものの、クロが奥の特等席を占めるので憎らしい。『宿借りのくせにワン』とやると『ワワワン』とやられた。それをきっかけに大格闘。『ワンワンキャンキャン。』それを聞きつけた豆主人が駆けつけ、クロを追い出してくれる。やっと僕が寝ついた頃、クロの奴そっと戻ってきて僕のそばにもぐりこんだ。今度は黙って入れてやったよ。たぶんクロには僕のような小屋がないんだろう。そのうちにクロがしょっちゅうクシャミをするのに気がついた。風邪を引いたのだな。老主人が犬の風邪は悪いよと言った。僕もうつらないように気をつけよう。豆主人もクロの風邪に気がついて、クロが来るたびに追い払ってくれるが、夜はやっぱり泊まりに来る。僕だって眠いから追い払うのが面倒だ。クシャン。

おや！　クシャミが出た。クシャン。いよいようつったな。クシャン。困ったな。クロのおかげで風邪まで引いてしまった。クシャン。」

カロは引っ越し当日も朝から小屋に入ったきりで、ときどき出てきてもあまり元気がありません。引っ越してからカロを見に行った公ちゃんたちもあまり元気がないと言い、それっきりカロを見舞いに行けませんでした。年が明けて新小路に年始に行ったお父さんが、悲しい報を持ってきました。カロが大晦日に死んだというのです。死因ははしか。犬にもはしかがあるのにはびっくりしました。犬猫病院に連れていった時にはすでに手遅れだったそうで、はしかのうちでもたちの悪いはしかだとか。医者はカロを、

「とてもいい犬だ。大きくなったら立派な犬になるのに、本当に惜しいことだ。」

と残念がってくれたそうです。

開化庵

『てるてる新聞』より

今まで東六番丁小学校に通っていた幹朗さん、義ちゃん、千重子ちゃんのうち、義ちゃんと千重子ちゃんは東二番丁小学校がすぐそばなので転校することになり、一月九日、お母さんに連れられて初登校しました。はじめは二人とも恥ずかしがって行くのを渋っていましたが、後からお母さんが様子を見に行った時には、もう外味噌の千重子ちゃんがおんぶごっこをしていて、義ちゃんもその日のうちに友達ができたそうです。家の二階の裏からは校庭が丸見えで、義ちゃんたちが勉強しているところも見えます。戦災で全部焼けてしまった跡に新しく建てられた校舎なので、とてもきれいです。

一週間目に東二番丁小学校の感想を二人に聞いてみました。

千重子ちゃん「二番丁の方学校きれいで好きだ。それに九時始まりだもの。もう友達にすっかり慣れたよ。先生は高橋先生。給食のカレー汁もこっちの方がうまい。でも講堂ないのね。」

義ちゃん「転校する前はお兄さんと凧揚げに行っても生意気ばりいたと思ったらそうでも

ない。僕の方の先生は木戸先生。男だよ。もう組中の人と仲良くなった。生意気なのはいるけどあまり乱暴な奴はいないよ。しかし六年生の大きいのにはびっくりした。まるで中学生だ。僕もこっちの学校がいいな。」

と二人とも二番丁を褒めるので、二番丁出身の姉ちゃんと公ちゃんは気をよくしています。幹朗さんは三月の卒業が間近なので転校せず、十丁の道のりを毎日テクテク歩いて通学しています。公ちゃんは今まで宮城学院まで四十分くらいかけて歩いて通っていたのが、今度はゆっくり歩いても十分ぐらいなので、ぐーんと近くなってうれしそうです。

引っ越してきて不自由なことの一つは、物干場と物置がないことです。南北がふさがった家なので、日光が差すのは朝日と西日がちょっとだけで、とても新小路にいた時のようなわけにはいきません。お母さんは洗濯をするたびに干場に苦心します。そこで、仕事師の伊藤さんに頼んで、裏に物干場と物置を作ってもらいました。

新しい干場は、三畳間の窓の敷居をまたいで外に出た所。つまり一階の屋根の上なので、足元が斜めになっています。でも干場のおかげで日は前より当たるようになり、洗濯をどんなにしても悠々と干せるとお母さん大喜び。今度は布団も干せますが、裏の会社から丸見えの所なので、ひどいワカメさんやカジメさんを干すのはちょっと気が引けるそうです。

二月四日の節分には照ちゃんも皆に教えられて、

「フクワウチ、オニワチョト！」

と声を張り上げて豆まきをしました。千重子ちゃんは何度も言い間違って、

「福は内、鬼は内！」

と叫んではまき直しをさせられました。この日はキャバレー上海の仮装行列が市内を練り歩き、大入袋と称する十センチ四方の紙袋をばらまいていきました。お父さんが拾ってきたので中身を数えてみたら、豆がたったの二十粒。これが大入袋かと皆で大笑いをしました。

二月十三日には、去年の秋から延び延びになっていた仙台市各小学校の完全給食が始まりました。主食がパンで、他にミルクと肉、野菜の料理だと聞いては、戦時中魚粉や魚粉だらけのおじやの給食を食わされた姉ちゃんらにはうらやましい話。お母さんはお弁当のおかずを心配する必要がなくなったと大喜び。給食代が月百六十円で三人なので金額が大きいですが、栄養、カロリーともに満点で、今日はシチュー、明日はカレー煮と子どもたちは毎日が楽しみなようです。

完全給食が始まると、給食係のおばさんたちは仕事が二倍になって大変です。そこで東六番丁小学校の給食部の役員であるお母さんが、十三日から学校の給食のおばさんとして働くことになりました。幹朗さんと一緒に朝八時四十分まで学校へ行き、帰りは夜の七時頃。様子は次のとおりです。

他のおばさんたちはとても荒っぽく、大声でがなりたてます。料理をしたり食器を洗ったりすると、ゴムのエプロンをかけても腕や足がびしょぬれになり、ひどい人は腰巻までぬれます。生徒数が二千二百人、一人三枚で六千六百枚、それを三回洗うので延べ約二万枚を洗わなければならず、食器の持ち運びだけでも大変力がいります。朝からずっと立ち通しで、午後に少しだけある休み時間も座る椅子が足らず、ストーブもない寒い所で飲むお茶もなく、ちっとも体が休まりません。水浸しのままなので下駄の鼻緒の緑色がすっかり足に染まり、二日目の朝にはお母さん、下痢してしまいました。シチューを混ぜたりするのにボートのオールのようなヘラを使い、エッチラオッチラとまるでボートこぎだそうです。二日目の帰りは夜九時半。ミルクは何杯飲んでもよいそうですが、あいにくお母さんは乳製品が嫌いです。昼食にはパンとおかずも出ますが、バターが入っている時は食べられません。お腹を空かして夜遅くまでではは体が続かず、二日でノックアウト。その後は体をこわすとそれこそ大変なので、ときどきお昼からお手伝いに行き、炊事婦はやめました。

店の方はすっかり内部を設計し、大工さんが来て表のガラス戸からアルバム立て、レコード棚、カウンターまで作りました。お父さんが元の屋号の名楽堂が嫌になったと言うので、新しく考え、チャイコフスキーの名曲「白鳥の湖」から白鳥をとって「レコードハウス白鳥」とすることになり、独特のマークも作りました。

ところが、肝心の商品が集まらず、資金のやりくりがつかなくなり、もう一息というところでお店が出せなくなってしまいました。

「まんじゅうを買って袋だけもらったようなもんだ。」

と、お父さんはとてもがっかり。ここまできてだめになったのは何としても残念なことです。

お父さんは元どおり三越楽器部に戻って働くようになり、一階のお店だけを開化庵に貸すことになりました。東一番丁の三越のそばのマーケット内にお店を出している生菓子屋で、いつもお父さんとお母さんに生菓子をプレゼントする時に買うお店です。レコード屋変じてお菓子屋となる。大の甘党のお母さんたちには、甚だ目の毒。でも、お母さんは見るだけで満足なのだそうです。二月二十五日に開店したので、開店祝いにと家でお菓子を買ったら、倍以上もまけてくれました。そのまたおいしいこと。

「店先にずらっと並んだお菓子を眺めるのもいいもんだ。」

とは子どもたちの話。

『てるてる新聞』二十四号より

階段

『てるてる新聞』より

家の階段はとても急で、角度を測ってみたら五十二度の傾斜。しかも階段の下はコンクリートなので落ちたら大変です。引っ越した時から誰が一番先に落ちるかと思っていたら、かわいそうに、それが照ちゃんでした。

ちょうどおばあちゃんが留守でお母さんが外で洗濯をしていた時に、誰も知らないうちに一人で階段を降りてきて、下から五、六段目のところから足を踏み外したのか滑ったのか、ズテンドウと下のコンクリートにうつ伏せに落ちてしまいました。びっくりして飛んできたお母さんが抱き上げてみると、なんとおでこに青い大きな山が盛り上がり、ほっぺたに大きなかすり傷ができて血がにじんでいました。急いで手当てをし、傷だらけの顔にそれでも笑みをもらすようになった時、

「どうやって落っこちたの？」

と聞くと、

「トロロロロロロン。」

さすがはレコード屋の息子だけあって音楽的に落ちたもんだと感心すると、
照ちゃん「ドタン。」

皆「それから?」

照ちゃん「キャーッ。」

皆「それから?」

照ちゃん「カアチャン、カアチャン。」

それ以来、照ちゃんに落ちた時の様子を聞くたびに、

「トロロロロロロン、ドタン、キャッカチャンカチャン。」

と身振り手振りで教えてくれます。その後、千重子ちゃんと義ちゃんも中段あたりからコンクリートに二度ずつ滑り込み、背中をこすり、尻もちをついては、

「ウムッ。」

と息を詰まらせて泣きべそをかきました。これでは危ないと、その後お父さんが簡素な手すりを両側に作ってくれました。

階段の上り下りする音を聞いただけで誰だかわかってしまいます。乱暴な人、しとやかな人など、いろいろ。

お父さん「サ、サ、サ、サ」(いともなめらか)

お母さん「トントントントントントン」（大小大小）
公ちゃん「ドタドタドタバタバタバタ」（下りる時）「バタトンカラバタトンカラバタトンカラ」（上る時は手の指も活躍）
おばあちゃん「……」（音なし）
義ちゃん「ドドドドドドドドドドドン」（今にも転げ落ちそう）
千重子ちゃん「バサッバサッバサッ」（草履の音も高らかに）
幹朗さん「トントントントントントントン」
久美ちゃん「ドンサッ、ドンサッ」（一段ずつ下りるから）
さて、三月二十日は公ちゃんと幹朗さんの卒業式でした。お母さんは朝から赤飯を炊き、お父さんは借り物のモーニングをりゅうと着こなして宮城学院の卒業式に出席しました。公ちゃんは記念品に湯飲み茶碗をもらいましたが、記念写真を撮ったのにアルバムが渡されないと不満顔です。小学校にはたくさんの賞があるというのに、私立だからかあるのは皆勤賞だけとか。午後からは謝恩会があり、お菓子袋が出ました。
幹朗さんの卒業式にはお母さんが出席しました。幹朗さんは卒業証書の他に、教育長賞と優等賞をもらいました。教育長賞とは元の知事賞に代わる賞らしく、各校男女一名ずつ、早く言えば首席です。賞状も一番大きく、名前も新聞に発表されました。賞品は分厚い国語辞書で、定価金五百円と書いてあります。優等賞の賞品は、緑色の時価二百円のきれいなアルバムです。その他に卒業記念品の湯飲み茶碗と卒業記念アルバムまで渡されました。お母さんは学校では顔が広いので、先生方や知らない父兄からまで、

「首席でおめでとうございます。」

と挨拶され、とても鼻が高かったそうです。午後からの謝恩会では、幹朗さんが開会の辞を述べ、お父さんも謝辞を述べるために出席しました。その後おしるこをごちそうになり、菓子袋をもらって帰ってきました。

さて、卒業式の四日前のことです。学校から、

「謝恩会の時、石森君のお父さんにぜひぜひ謝辞を述べていただきたい。」

と通知があり、はじめ皆は謝辞をスプーンと間違えました。めったに学校へ出たことのないお父さんを引っぱり出すのも、幹朗さんが教育長賞をもらったためらしく、これが悲劇の種となりました。というのは、一張羅の背広がつぎはぎだらけ、ネクタイも二、三年締め続けのヨレヨレ、ワイシャツもおんぼろ、靴も帽子もボロ、ときては、

「父兄の代表です。」

と式場に出て行けないからです。

早稲田大学雄弁会の幹部だったお父さんのこととて、おしゃべりするのはお手の物。何と

か行ってやりたいと服を借りる工面をしましたが、あいにくと知っている人は皆やせ型ばかりで、お父さんと同じ体格の人がなかなか見つかりません。さりとて紋付袴では出られないので、何かうまい口実をつけて断ることにしました。これを聞いて幹朗さんは大いにがっかりしました。次の日、幹朗さんは急いででっちあげた断り状を持ってしおしおと学校へ行きました。その後出かけていったお父さんが、お店のお得意さんの及川さんの家でモーニングを一式貸してくれたと飛んで帰ってきました。学校へはさっそく電話をかけて口実を取り消し、幹朗さんも帰ってきて大喜び。

当日、公ちゃんの卒業式から帰ってきたお父さんは、午後から再びモーニングを着込み、皆が寝静まった真夜中に目を覚まして名文を練ったという原稿を持って、熊谷さんから借りた舶来の帽子をかぶってさっそうと出かけました。モーニングは借り物とは思えないくらいお父さんの体とぴったり合い、立派なもんです。

お父さんが帰ってから話を聞くと、幹朗さんが少し上がってつまずいたから、ついでにお父さんも上がってやったと言います。でもお母さんは先生方に、さすが石森さんだと大いに褒められたそうです。これでやっと役目を果たしたお父さん曰く、

「終わったらがっかりしたや。」

夜はおばあちゃんが作ってくれたちらし寿司と海苔巻きで二人の卒業を祝いました。立派

な賞状や賞品を眺めたお父さん、

「ああ、これで死んでもよい。」

とは気の弱い。

卒業式の翌日、幹朗さんと義ちゃんは久しぶりに魚釣りに行きました。何やかやと忙しくやめていたのですが、陽気が暖かくなって思い出し、こっそり友達と約束していたのです。またもやお彼岸の中日で、しかも出発が早いのでお母さんが嫌がると、そこは好きな道。幹朗さんと義ちゃんは朝五時過ぎに目を覚まし、二人でごはんを炊いてさっさと食べ、おにぎりを作ってもらって出かけました。この日はいつもより遠征して貞山堀《ていざんぼり》まで行き、往復三里歩いたとか。獲物は例によって例のごとく雑魚と小エビばかり。それにしじみが五つ。二十七日にまた行きましたが、これも同じ獲物に三寸フナが加わって帰りが遅くなり、食われもしない魚を釣るよりしじみでも採ってくればよかったと言われ、今度はしじみ採りに行くそうです。

ところが四、五年行ったことのない潮干狩りを最初に実行したのは公ちゃんでした。四月六日、自転車旅行なら金がかからんと級友数人とハマグリ汁を夢に描いて一路菖蒲田《しょうぶた》へ。「春は銀輪に乗ってさっそうと」のはずが往復自転車でくたくたになり、その日の収穫はと風呂敷を開けてみれば、貝の「カ」の字も見当たらず、あるのはハマボウフウだけ。公ちゃんの弁解を聞いてみましょう。

「たくさんとれる自信はなかったけど、水が冷たくてとてもじゃないけど入ってらんないの。たった一人だけ一つ採っただけ。浜の人に聞いてみたら、一週間ばかり時期が早いんだって。せっかく大潮の日に行ったのに。でもそれじゃ面目立たないから、松林の砂の中からハマボウフウを掘ってきたわけ。」

さて、このボウフウなるもの、おばあちゃんたちも料理法は知っていますが食べたことがないので、その晩は酢みそで和えて試食会をやりました。食べてみたらおいしいこと。皆はハマグリが化けたハマボウフウを食べてしばし御満悦。

一方、幹朗さんと義ちゃんは先月の計画どおり、四月九日に多賀城へしじみ採りに行きました。こちらの方は量こそ少ないものの目的は果たし、内訳はしじみ大小八十六個に雑魚どもと川エビ。この黒豆のようなしじみ貝をお汁にして、前日釣り用具の入れ物を縫ってやった姉ちゃんに大部分献上したのは感心な話。

ジープ

『てるてる新聞』より

四月十日、午後一時から五橋中学校の入学式がありました。朝のうちに学校の徽章《きしょう》や帽子に付ける白線を買ってきた幹朗さん。白線を付けてくれと頼むので、ジャバラの長さを測ってみました。

「いったい線は何本なの？」

「一本だよ。」

「でもたっぷり二本分の長さがあるから二本付けるんじゃないの？」

「いや、一年は一本、二年は二本だよ。僕は一本でいいんだよ。」

「でも変だね、こんなに余るのに。」

まず言われたとおりに一本だけ縫い付けてやりました。やがて入学式から帰ってきた幹朗さんは帽子をかぶっていないので、その訳を聞いてみたらギョギョッ。

「学校へ着いて見たら、いる人来る人皆二本線の帽子をかぶってるからギョッとしてしまった。かっこ悪いから急いで帽子を脱いで服の下に隠して、式の間は股の間へ隠しておいたけど、まったく恥ずかしかった。」

と自白しました。

幹朗さんの担任は音楽の佐藤栄子先生です。五橋中の校章もデザインしたという芸術家で、合唱団の顧問も受け持っているので、歌のうまい幹朗さんはさっそく引っ張られて合唱団に入ったそうです。幹朗さんによると、

「佐藤先生が僕のことをはじめから知ってたのにはまずびっくりした。今までのわらすどもと違って勉強のできる人ばかりいるから、今までみたいにボヤボヤできなくなった。中学生になると急に偉くなったような感じがして、忙しくなったような気がする。五橋中はボロだけど、勉強するための設備は整ってるから、その点不自由はなさそうだ。」

さて、入学式前の春休みのことですが、今度は元パイプオルガニストだった黒沼幸四郎先生からお声がかかり、幹朗さんはまた進駐軍を慰問することになりました。黒沼先生のお嬢さんで小学四年生の豆ピアニスト、幸子さんとコンビになり、去年

『てるてる新聞』二十六号より

と違って往復ジープで送り迎えしてくれるとか。まずは三月末、苫竹キャンプのミス・テイラーのところへ演奏しに行きましたが、その時は大型ジープが迎えに来て、ココアとアイスクリームとサイダーを一本ごちそうになり、帰りは小型ジープで送られてきました。

四月四日には第百七十二ステーション・ホスピタルへ往復ジープで行き、「アヴェ・マリア」「インドの歌」「ラルゴ」「ハンガリー舞曲」などのクラシック物数曲を演奏しました。そして幹朗さんはびっくりするような物をもらってきました。それは大きな板チョコ、ゼリービーンズ一袋、チョコレートでくるんだお菓子が二段になって五十二個も入っている箱、そしてガム五つ。思いがけない物だけに、皆は大袋から一つ一つ取り出されるたびにびっくりしたり喜んだり。その他に、幹朗さんはまたミス・テイラーにサイダーとアイスクリームをごちそうになったそうです。

その次は十九日に川内キャンプで演奏会があるのでその練習に三回行き、行くたびにふっくらとしたとうもろこしを一袋ずつもらってきました。日本のとは違って、バターが染み込んでいて塩がまぶしてあるので、とてもおいしいです。それから兵隊さんに写真まで撮ってもらいました。

十五日には新しく苦竹キャンプに駐留した四十師団の慰問に行き、ヌガーと南京豆をチョコレートでくるんだ棒チョコ二つとウェハース一箱にヴァイオリンの弦半ダースをもらい、帰りはハイヤーで送られてきました。

十九日の川内キャンプでの演奏会ではクラシック物の他、アメリカ民謡集とアメリカ陸海軍の歌集を弾き、またとうもろこしとチョコレート菓子二十六個をもらって帰り、これで今回の慰問が全部終わりました。

何しろ大型ジープや小型ジープ、あちらのハイヤーなどに乗ったのは幹朗さんだけです。また、行くたんびに何かかにかミス・テイラーにごちそうになるのですから、皆がうらやましがるのは無理もありません。幹朗さんに今度の慰問の様子を聞いてみました。

「まずジープの速いのにはハラハラするけど、もうどんどん他の車を追い越すのは痛快さ。ハイヤーは走ってるのがわからないくらい静かで、すごく気持ちいい。向こうの食べ物は何でもくどい。サイダーもココアもものすごくきついし、アイスクリームにはいろんなものが混ざってる。今でも暖房が効いてるから、アイスク

リームを食べても寒くない。川内で写真を撮ってもらった時は、うんと笑わされた。十九日には僕たちが弾くのに合わせてバリトンの兵隊さんがマイクの前で歌って、二百人ぐらいの兵隊さんが、ふらりと入ってきた兵隊さんたちと一緒にきれいに合唱した。歌わずに熱心に聴く人や、トランプをしながらや、ちょっとのぞきに来たような人たちの合唱。よくきれいに合うもんだと感心させられた。それはもうすごく楽しい和やかな雰囲気だった。」

一方街中では、四月十三日から十五日までの三日間にわたって、春の人出を狙った仙台市主催の催し物「商工花まつり」が行われました。その中の行事で初日に魚祭りの仮装行列があり、最終日には仮装自動車行列もありました。どちらも南町通りを通るので、家にいながらにして窓から見物することができてとても便利です。魚祭りでは乙姫様、浦島太郎、大ダコ、鯨などが自動車や自転車に、その後にヒラメ、カツオ、イワシ、フグなどの張子を頭にかぶった人たち、そして大皿にかまぼこのような刺身とかんなくずのような大根のかつらむきなど、とてもおもしろい行列が延々と続き、色とりどりに飾りつけられた仮装自動車行列もとてもきれいでした。また、東二番丁小学校の校庭からは一日三回ずつ落下傘やビラを仕掛けた花火が打ち上げられ、ピカピカドンドンと連日大賑わいでした。

宮城学院高等学校

公子の手記より

宮城学院では高校に進学する時、それぞれ専攻する科目を選ばなければなりません。科目は英語、理数、国文、音楽、家政の五つです。英語が大好きなので最初は英文科を希望しましたが、音楽の先生に勧誘されて迷ってしまいました。大学の音楽科に進む人は授業を英語で受けるようになるので、高校で音楽を専攻しても英語は必修科目になります。結局音楽科の入学試験を受けて、一番の成績を取りました。

クラスも科目別に分かれ、英語科が梅組、理数科が桜組、家政科が菊組、音楽科と国文科は人数が少ないので一緒に萩組です。萩組の担任は岡村直子先生で、背が少し低くて太めでコロコロという感じなので、皆で「コロ」というあだ名で呼びました。先生の専門は声楽ですが、もちろんピアノも上手で、礼拝の時の前奏ではよく「雨だれ」を弾いていました。音楽科の生徒は礼拝の時の讃美歌の伴奏をよく順番でやらされました。讃美歌の番号を呼ばれると初見でそれを弾かなければならないので、これが初見のいい訓練になりました。

音楽の授業はピアノの演奏、歌唱、理論、聴音、視唱と細かに分かれていました。特に聴音が得意だったので、聴音の授業中に見学の先生方が来ると、いつも真っ先に指名されました。でも音楽の授業よりも英語の方が好きで、大好きなミス・ガーナーのおかげで成績も得意の音楽より英語の方が上でした。アメリカの高校生と文通もさせられ、私の文通相手はたまたまお父さんが下着工場をやっていたので、わざわざスリップを送ってくれました。スリップというものを聞いたのも見たのもこの時が生まれて初めてでした。

高校に入った頃から進駐軍のラジオ放送、FEN（1）をよく聴くようになりました。こんなすばらしい音楽があったのかと、ラジオから流れてくるジャズや映画音楽に心惹かれました。特に『ユア・ヒット・パレード』がおもしろくて、アメリカの最新ヒット曲を毎週順位をつけて紹介する番組なので、今週はどの曲が一位になるんだろうといつも楽しみにしていました。

引っ越してから細横丁の東北劇場が近くになり、よく映画を観に行くようになりました。近くといっても歩いて十五分ぐらいかかります。東北劇場は洋画専門の二番館、つまり一度封切りされた映画を二本立てや三本立てで安く観ることができるので、アメリカ映画からフランス映画まで何でも観ました。特にミュージカルが最高でハマりました。

お父さんもお母さんも姉ちゃんも映画が大好きですが、まだ幼い弟妹がいるので、なかなか家族皆で一緒に行くことはできません。はじめのうちは夜ごはんを食べてからお父さんと姉ちゃんと私の三人で行くことが多く、車椅子なんてまだない時代なので、姉ちゃんを自転車に乗せて、代わりばんこに引っ張ったり荷台を押したりして歩いて行きました。お母さんも観たい映画の時は、急いで片付けをしてから一緒に行くこともありました。お母さんはフランス映画が好きで、ジャン・ギャバンやシャルル・ボワイエのようにクラシックでロマンチックな俳優がお気に入りです。行く途中で開演ベルが聞こえてきて、

「あー鳴ってる。ほら、もうすぐ始まるよー。」

と急いで駆け込んだものです。下の弟妹たちも大きくなるにつれて一緒に行くようになりました。

当時の映画館は入れ替えがなく、途中からでも入れたし、追い出されることもなく好きなだけ観ることができました。学校の試験が終わるとよくお弁当を持って映画館に入り、ジーン・ケリー、フレッド・アステア、フランク・シナトラなどのミュージカルの歌を覚えるために何度も繰り返し観ました。大好きなベティ・ハットンの『アニーよ、銃をとれ』は夢中になって一日中入り浸り、五回の上映を観通しました。英語でファンレターを書いて『映画の友』に載っている住所宛てに送ったら、一ヶ月くらいたって忘れた頃に返事が来て、中にはお目当ての直筆サイン入りブロマイドが入っていました。味をしめてまた手紙を書き、ジェームズ・ステュアート、マリオ・ランザ、ジューン・アリソンからも送られてきました

が、印刷の小さめのブロマイドの時はガッカリでした。

引っ越して二階の二間九畳に家族十人が寝起きすることになり、一人に畳一枚もあたらないのですから、はじめはどうなることかと思いました。何とかなるもので、結局奥の三畳間に二段ベッドを置き、上に私、下に姉ちゃんとおばあちゃん、そのベッドの下に足を突っ込む形で畳の上に幹朗さんと義ちゃんが寝ました。二人は膝を折ることもできない状態です。隣の六畳間には布団を三つ敷いて、端っこに千重子ちゃんと久美ちゃん、真ん中の布団にお父さんと照ちゃん、そして三つ目の布団にお母さんが寝ました。六畳間には家具が張り巡らされて畳から天井までぎっしり物が積み重ねてあるので、布団は隙間なく敷かないと三つ入りません。さらにまたそんな狭い所に登美おばちゃんが旦那さんとケンカをして、

「姉さん、泊めて。」

と秋保からやって来ます。そのたびに私はおばちゃんにベッドを譲り、押入れに寝る羽目になるのでした。

サイン入りブロマイド

南光院丁から中央市場を抜けて東一番丁に通じる路地は二つあり、青葉通り側を青葉小路、南町通り側は南松竹があるので松竹小路といって、たくさんのお店がズラッと並んでいました(2)。かまぼこ屋の鐘崎もまだ小さいお店でしたがそこにあって、いつも奥さんが店先で丁寧に客を迎えていたので、よく挨拶をして通りました。その向かいが鶏肉屋さんで、魚の開きを専門に売っている魚屋さんもあって、よくそこでほっけの開きを買って夜ごはんに食べました。蒸しかまどが物置に置いてあって、そこでお母さんがごはんを炊きますが、いつも最高においしいごはんが炊けました。

(1) Far East Network.
(2) 現在の壱弐参《いろは》横丁。

オイカワ

『てるてる新聞』より

五月三日は旗日でお休みなので、多賀城にある釣り屋さんの主催で小学生釣り大会なるものが開かれました。朝七時半に釣り屋の前に集まったのは、大人を混ぜて総勢約五十人。もちろん、おらいの太公望二人もリボンのついた参加章を胸につけて大喜び。二列に並んで釣り竿を肩に担いだ面々、皆河北賞だの何々賞を狙っているとか。翌日の朝刊にはこの釣り大会のことが写真入りで載り、河北賞をもらった人の獲物が七百匁。我が家の天狗さんたちの獲物はたったの十匁。それでも釣り屋の教えた場所だからかいつもの雑魚ばかりではなく、二寸エビにフナ八匹と、ウナギを取った時を除いて今までで一番の大漁です。参加賞に釣り糸巻きや浮きなどももらって帰ってきました。以下二人の話。

「今までのうちで一番おもしろかった。まるで遠足みたいだ。いつも僕らが行く多賀城でも、場所が全然違うからたくさん釣れた。今度からはあそこに行くって決めた。」

五月六日からはまたサンマータイム(1)に切り替えられるので、前の晩に時計を一時間進めました。正式には夏時刻法といって今年で四年目になりますが、サンマータイムは九月初旬まで続きます。世論によれば不賛成がずいぶんあるようですが、さて我が家の意見はいかがなもんでしょう。

お父さん「不賛成。朝だけ早く起きても、夜いつまでも明るいと気分が出なくて寝られない。体も疲れる。」

お母さん「賛成。明るさに捉われなければいい。早く起きたら早く寝ればいいんだから、冬時間と変わりない。」

おばあちゃん「どっちでもいいよ。大して変わりはないから。」

姉ちゃん「賛成。寝坊だから別に寝不足にもならないし、いつまでも明るくておもしろい。」

公ちゃん「賛成。特別な理由というものはないけど、ないよりはあった方がいいような気がする。」

幹朗さん「不賛成。早く寝ればいいようなものの、やっぱり寝るのが遅くなって寝不足になりやすい。」

義ちゃん「僕はどっちでもいい。あればなるように、なければないようになるから。」

以上、家論調査の結果、賛成三人、不賛成二人、どっちでもよい二人、となりました。

五月二十七日には、戦前姉ちゃんや公ちゃんがピアノを習っていた木ノ下の聖ウルスラ修道院で、小音楽会が開かれました。それに幹朗さんと公ちゃんが招かれ、演奏してきました。二人とも何年ぶりかでお会いしたヨハンナ先生に、

「大きくなったね。」

と言われたそうです。そして記念写真も撮ってもらい、謝礼として金五百円也をいただきました。喜んだ二人はさっそくそれを「てるてる銀行」に貯金しました。それは十月に仙台へ来る予定のヴァイオリニスト、メニューヒンを聴くための入場料をアルバイトで稼ごうというもので、さっそく一部が貯まったというわけです。

『てるてる新聞』二十七号より

その日の晩ごはんの時、幹朗さんが、

「オイカワという魚がいるね。」

と言ったのをきっかけに、食事が終わってからも笑ったり論じたり喧々囂々《けんけんごうごう》。事の起こりは去る三日の小学生釣り大会で、一人がオイカワという魚を釣ったと言うのです。大人たちは今までそんな魚は聞いたことがないので一笑に付しましたが、言い出した幹朗さんは後へは引かず、
幹朗さん「いや、確かにオイカワと言ったよ。ねえ義ちゃん？」

義ちゃん「何だがよっく聞いでながったを。」

幹朗さん「いや、本当にオイカワはいるってば。」

お父さん「ちゃんとどんなのだか見たのかい？」

幹朗さん「いや、聞いただけで見なかった。」（笑）

お父さん「それ見さい。必ずあんたの聞き違いだ。」

幹朗さん「んだってね。釣コ屋の人が『おお、オイカワ釣ったな』って言ったんだってば。」（笑）

お母さん「見なさい。『おお、及川釣ったなあ』って意味で、及川という人が釣ったんださ。」（大笑）

姉ちゃん「まったくそうとしか思わんないね。及川という魚いるなら、どこかに石森だの斉藤っていう魚だっているかもしれない。」（笑）

幹朗さん「いや、姉ちゃん、スズキっていう魚いるよ。ねえおばあちゃん。」（笑）

おばあちゃん「まったぐねえ。イナダっていうのもいるねえ。」（大笑）

公ちゃん「キチジもいる。」

おばあちゃん「セイゴっていうのもいるからね。」（笑）

幹朗さん「それ見さい。」（大笑）

お父さん「まったく、鈴木精吾だの稲田吉次さんなんていう人、確かにいるね。いやいや。」（笑）

姉ちゃん「そうなると、石森だの幹朗だのいう魚もどこかにいるよ。」

もう笑いに笑い通しで涙がこぼれ、ごはんが横ちょに入りそうです。それでも本人の幹朗さんは大まじめ。

幹朗さん「確かにオイカワだ。賭けをしてもいい。」

お父さん「ようし、言ったな。そんなら釣コ屋に行って今聞いておいで。もしお父さんが負けたら十円やるぞ。」（笑）

お母さん「お母さんもやるよ。」

姉ちゃん「姉ちゃんもやる。」

公ちゃん「私もやっから。」

お父さん「その代わりあんたが負けたら、今日ウルスラからもらったのちから百円もらうぞ。」（笑）

幹朗さん「いいよ。」

お父さん「さあ、行っておいで。」

幹朗さん「今すか？　雨降ってってば。」

お父さん「賭けをしたからには早くしなきゃおもしろくない。名刺に書いてやっから。」

こうなると後へは引けず、幹朗さんは、

「オイカワという魚はありますか。教えてください。」

と裏に書いた名刺を持って出かけました。義ちゃんもお供をしましたが、万一の場合義ちゃんは兄貴の味方なので、なかなか買収され難い千重子ちゃんもつけてやりました。

三人の持って帰った返事は、

「オイカワという魚はいます。」

名刺の裏には、

「ハヤヨリコケラガ大デス。ハヤトユウモノハコケラガ小サイデス。」

と書かれてありました。ギョギョ。証人の千重子ちゃんも、

「確かにいるって言った。」

さあ、こうなると今まで皆にやっつけられていた幹朗さんはがぜん、勢いを盛り返してきて威張るわ威張るわ。大人組は一言もありません。いずれも約束は約束とて、しおしおと十円ずつ出しました。恥をさらし見せしめのためと企んでした賭けに逆転して、急に金持ちになった幹朗さん。行ってすけられた義ちゃんと千重子ちゃんに十円ずつ分けてやりました。まったく大人組の敗北。でもおかげで一つ物知りになりました。

（1）当時のサマータイムの表記。

ハローおじさん

『てるてる新聞』より

　この頃また仙台にアメリカ兵が増えてきました。それで家の前もたくさん通ります。ある時、向かいのうどん屋に入った黒人兵が通行人を呼び止めてうどんをごちそうし、その後下の開化庵へ入ってきました。そしてそばで遊んでいた千重子ちゃん、久美ちゃん、義ちゃんはじめ近所の子どもたちにロールカステラなどをお店から買ってあげました。思いがけない出来事に、子どもたちは喜んで口々に、

「サンキュー。」

　通りかかった子どもたちにも次々と買ってあげたので、結局百五十円ほど散財して帰っていきました。また、ある晩久美ちゃんが向かいの果物屋の子とヴァイオリンを合奏していたら、通りかかった兵隊さんが立ち止まって合奏を聴き、

「ジョウトウ。」

　と言って二十円ずつくれていきました。それから一杯機嫌の兵隊が両手にいっぱい飴をくれたりと、このところ子どもと兵隊さんとの小さな親善風景があちらこちらで見られます。

さて、家ではきかん坊ぶりを発揮している照ちゃんですが、いったん外へ出るとおとなしすぎて、向かいの同じ年の女の子に泣かされては帰ってくるし、お母さんとよその家へ行くとだんまりやさんだそうです。一方久美ちゃんは正反対で、外では男どもをボガボガたたくので、あだ名も「ボガ」。ある日ボガさんの被害を受けた誰かさん曰く、

「照ちゃんと久美ちゃんの性格が入れ替わったらいいのにねえ。」

その願いがかなったのか、それまで内弁慶外味噌だった照ちゃんが今度はなんと近所の子どもたちを殴ったり石をぶつけたりで、外へ出たら最後、目が離せなくなりました。この剣《けん》呑《のん》な照ちゃんと一緒に町を歩いたおばあちゃんの話によると、照ちゃんはすれ違う人を誰彼の見境なくピタンとたたくので、たたかれた人はびっくりして振り返っていくそうです。また、アメリカ兵が通ると必ず、

「ハロー。」

と声をかけたり、足をピタンとやったりします。照ちゃんの「ハロー」は、ちゃんと舌を丸めて言う本式の英語です。声をかけるくせに頭でも撫でられようものなら縮み上がり、相手が知らんふりしていると膨れ、

「ハロー。」

と返事が返ってくれば、

「返事ちた。」

と言って満足するのだそうです。

この照ちゃんお得意の「ハロー」がきっかけで、家の裏の会社、仙鉄工業株式会社に勤めている二人のおじさんと子どもたちが仲良しになりました。そのおじさんというのは、堀内さん（通称ハローおじさん）と会社の運転手をしている門脇さん（通称ブップのおじさん）のお二人です。照ちゃんが最初に呼びかけてから日増しに仲良くなり、顔さえ合わせれば物干場越しに、

「ハロー。」

「グッドモーニング。」

「ハウアーユー。」

と舌の回らぬ珍英語で応答。おかげで久美ちゃんまで英語の挨拶を覚えてしまいました。

ハローおじさんは子どもが大好きとのことで、家へ遊びに来られるたびに、

「お宅のお子さんは皆いいお子さんばかりですねえ。」

『てるてる新聞』二十八号より

と褒められ、身に覚えのある者はまったく赤面の至りです。おじさんたちには果物やおせんべいなど、たびたびたくさん頂戴してお父さんもお母さんもすまながっています。その反面、おじさんたちはとてもくちばしが短く、何か作った時には決まって遊びに来られず、何ともはや気の毒な次第です。照ちゃんはどんなことをしている時でも、

「ハローおじさんがいるよ。」

と言えば、急いで窓のところまで飛んで来て、

「ハロー、ハウアーユー。」

と始まります。

ハローおじさんは前に楽団でア

元子と門脇さん

コーディオンを弾いていらしたとかで、ブップのおじさんはギターを、ハーモニカはお二人とも吹かれるので、姉ちゃんのギターや幹朗さんのヴァイオリンと合奏したり、皆でトランプや将棋をしたりします。とてもおもしろいですが、照ちゃんのおじさんを姉さん兄さんが取ってしまった形で申し訳ない気もします。

照ちゃんは満二歳にして大のレコード好きで、レコードをかけ出したら泣いたのが黙り、きりがありません。好きなだけに覚えるのも早く、幹朗さんが弾く曲は全部知っていて、ラジオでその曲が流れると、

「これ、お兄ちゃんひいたの。」

と得意顔です。ストラヴィンスキーの「兵士の話」も聴いて覚えてしまい、長唄をかけると、

「おもしろくない。」

と言い、「兵士の話」をかけると喜んで聴きます。知らない曲を耳にすると、

「この曲なんだい。」

と聞くのは、さすがレコード屋の息子です。

さらに照ちゃんは遊びの発明家でもあります。小さなこまがあります。その心棒は細く、木でできた花おはじきの穴が通ります。照ちゃんには、小さなこまは蓄音機、花おはじきは

レコードに思えます。おはじきを一つ、こまの心棒に通し、指でくるっと回します。レコードがかかったのです。こまが回っている間、照ちゃんは「ハンガリアン・ダンス」を歌います。こまが止まると花おはじきを裏返し、またくるっと回します。また歌います。こまが止まると、両面かけ終わったおはじきを別なおはじきと取り替えて、同じことを繰り返します。これが照ちゃんのレコード遊びです。

気候が暑くなるにつれ、涼しい干場を涼み場にすることが多くなりました。でも勾配が急なため危なく、何かと不自由です。おまけに屋根が傷むので、前々から平にしたいと願っていましたが、いよいよ実現することにしました。それで予算を取る関係上、会社で土木の仕事をしていらっしゃる堀内さんにおうかがいを立てたところ、木材は全部会社からもらってくれ、おまけに大工もしてやるとのこと。皆恐縮していったんお断りしましたが、結局は堀内さんがお友達の吉田さんという方とお二人で、半どんの土曜日の午後をさいて大工さんになってくださいました。そして夕方にはすっかり出来上がり、さっそくその晩からとても快適な涼み場になりました。だいたい三畳間くらいの広さなので、午前中は日が当たるのでだめですが、午後からはそこで勉強したり、遊んだり、合奏したりで、まるで一部屋増えたようです。

引っ越してきてはや八ヶ月になり、もうふすまもボンロボロになってしまいました。骨まで現れて皮が垂れ下がっているのですから、相当なものです。それで思い切って張り替えることにしました。ついでにふすまの腰にボール紙を入れたので、前より丈夫になりました。まったくふすまがきれいなのは気持ちがいいものです。それでこのままきれいに保つために気をつけようと、一番初めにふすまを破った人に罰金を科すことにしました。さて、一番先に罰金を払う人は誰でしょう？

左から千重子、堀内さん、照朗、久美子、向かいの「佐藤商店」の息子、晃一郎くん

宣伝演奏会

『てるてる新聞』より

七夕祭り初日の朝、竹飾り第一号が中央市場東入口に飾られました。くす玉に折り鶴、吹き流し、サイコロなど色とりどりです。家の近所で飾ったのは、中央市場の他には向かいのキャンデー屋と南松竹だけです。家でも小さい竹飾りを作ろうと竹までもらい、去年の古い飾り物を引っ張り出して一応飾ってはみたものの、色がはげて貧弱なので取りやめにしました。

中央市場東入口には浦島太郎の仕掛物も飾られました。仕掛物をこんなに隅々まで見るのは皆初めてです。浦島太郎が玉手箱を開けると一筋の（もくもくの時もある）煙が立ちのぼり、太郎の顔がくるりと回って裏側のおじいさんの顔が現れるという仕掛けです。ところが肝心の煙が出ないことが多く、煙が出ないのに年寄りになるから笑ってしまいます。土曜日なのでアメリカ兵も大勢見物に来ていて、ときどきカメラを向けています。午前中はさほどの人出でもありませんでしたが、午後からはどんどん人足が増え、家の前はものすごい混雑です。

一通り一番町を見物してきた子どもたちによると、去年の七夕よりきれいだそうです。暗くなるにつれて人出は増すばかり。窓から人波を見ていると、混み合う一番町からの避難者で目が変になるほどです。おかげでキャンデー屋と氷水屋は満員ですが、この人波を見ていると見物しに行くのが嫌になります。夜はお父さんと子どもたちが見に出かけました。この夜は夜中過ぎまで人通りが賑やかで、その見物のおかげで寝たのも十二時過ぎでした。ネムイ。

二日目は初日ほどではありませんが、それでも相当の人出です。中央市場から吐き出される人たちが浦島太郎で足を止めます。夜は煙が順調に出ますが、昼間はなかなか出ません。煙が出たところを見た人はよいのですが、出ないところを見た人は煙が出ないのに年寄りになるので笑い出します。

一番人が出るのは夕方から夜十時頃までです。この時刻に久美ちゃんと千重子ちゃんが向かいの果物屋さんの店先で、果物屋さんの娘、さっちゃんこと佐藤祥子ちゃんとヴァイオリンの練習を始めました。小さい子たちなのですぐに黒山の人だかり。平均二、三十人も集まったものだから、通路がふさがって自転車も通れないくらいです。中央市場を出た人は、浦島太郎よりもすごい人山に気を取られてヴァイオリンの方に足を向けるので、浦島太郎の見物場の寂しいこと。そこへ一台の進駐軍の自動車が来て止まり、しばしヴァイオリン演奏を見物した後、明日の晩写真を撮ってやると約束して帰っていきました。それでやっと人山も散りました。

一番町は昼間自転車が通れないので、通行規制のなくなった夜十時半頃、姉ちゃんも自転車に乗せられてお父さんとお母さんと三人で七夕見物に出かけました。夜の七夕は電灯がとてもきれいです。文化菓子店の竹飾りは一等だけあって特に目立ち、くす玉の中まで電灯が灯っています。今年の七夕は講和を控えているので、講和を取り入れた竹飾りや仕掛物が多く、吹き流しに紙ではなくビニールのテープを使っている所もありました。一番町の仕掛物には一等の牛若丸をはじめ、仙台萩、おばけ、藤崎の講和こけし、三越の平和の鳩、その他に加藤清正などもあるそうです。この晩も寝たのは十二時過ぎでした。

三日目となるとさすがに人出はぐっと落ちます。でも夕方に豆ヴァイオリニストたちの演奏が始まると、またまた人が集まりました。すると昨日約束したアメリカ兵が自動車で現れ、カメラを取り出したので、また人の数が増えました。一人ずつの写真と三人一緒の写真、計七枚も撮ってくれて、その後自動車に乗せてやると言ったそうですが、実現しませんでした。後で久美ちゃんと千重子ちゃんに話を聞くと、

「あんまり人がたかっからおしょしくて、後ろ向いて弾いたりした。集まった人んとこ見てるとおもしろいよ。写真を撮ってもらう時、パァッと明るくなってびっくりした。自動車に

乗られなくてがっかりしたけど、あとはみなおもしろかった。」

お盆に入ると青葉通りをはじめ街の所々に盆火が焚かれ、干場から東の方を見渡すと東二番丁で焚く盆火が見えます。その周りに集まった子どもたちが次々と焚く花火も夜目に美しく、小さな花火だけでなくきれいな打ち上げ花火もドンドンと無数の星の輝く夏空へあちらからもこちらからも上がり、それを干場から蚊追い戸を使いながら見上げるのもまた、新小路では味わえない街のお盆です。南光院丁正面には愛宕橋から上がる花火大会の花火が見えました。赤青の花火が空中で破れて散って、家で花火を上げなくとも結構よそのが見えるので、街のお盆も楽しいものです。

今年の夏は子どもたち皆がアルバイトをしました。まずは荒町小学校で開かれた音楽講座に幹朗さんと公ちゃんが出演して二曲演奏し、後日謝礼として金三百円もらいました。姉ちゃんは家庭教師というと大げさですが、隣のかご屋さんの小学三年生、本郷武範君の勉強を見てやり、公ちゃんはお父さんのお店を手伝い、義ちゃんはお父さんの靴磨きで相場並みのお駄賃をもらいました。そして幹朗さん、千重子ちゃん、久美ちゃんの三人は、メニューヒン来仙を前に子どもヴァイオリンの宣伝を引き受けて、三越楽器部で演奏会を開きました。

演奏会は八月二十一日から三十日まで一日二回、午前十時と午後一時から三十分ずつです。公ちゃんのピアノ伴奏で、まずは合奏で「きらきら星変奏曲」「ちょうちょう」「こぎつね」「むすんでひらいて」「かすみか雲か」「みなと」「アレグロ」、次に久美ちゃんの独奏でバッハのメヌエットを二曲、次に千重子ちゃんと二人で「アレグレット」、次に千重子ちゃんの独奏で二曲、最後に斉奏で「無窮動」、と以上のようなプログラムです。皆で演奏を始めると、どこからともなくぞろぞろと人が集まり、楽器部の通路は大人子どもの見物人でいっぱいになります。何といっても客席をキョロキョロ見ながら小さい手を動かしている五歳の久美ちゃんに人気が集まり、外人さんにかわいいセルロイドの飾り物をいただいたりもしました。久美ちゃんはとても度胸がよく人前で弾くのはへっちゃらで、少しぐらい間違って弾いてもお愛嬌です。

　すると二十五日、伝え聞いたか河北新報と朝日新聞の記者とカメラマンが取材に来て、写真を

撮っていきました。さあ新聞にあがるとなると、どんなふうにあがるか心配で、公ちゃんたち大くさり。すると八月二十七日の河北新報夕刊三面の下の方に思ったより大きくあがり、一体に新聞記事は大げさなのでビクビクしながら読みました。やはりでっちあげた所もありましたが、まあこの程度ならと安心しました。

その後新聞を見て演奏を聴きにくる人が増えたのですが、公ちゃんは二十七日から学校が始まって伴奏できなくなり、無伴奏ではアラが見えて困るので二十八日限りで打ち切ることにしました。ところが、翌日二十九日の朝日新聞四面宮城版の上段に河北より大きくあがってしまい、これではやめるのも具合が悪いので、姉ちゃんがヴァイオリンを弾いて続けることにしました。

やはり新聞を見た人が待っていたりして、いつも満員です。三十日午後の最後の演奏会には、おまけとしてピアノと幹朗さんのヴァイオリン、それにお父さんがマンドリンを弾いて「荒城の月」を三重奏し、締めくくりとしました。これでヴァイオリンが売れるようにというのがお父さんたちの狙いです。義ちゃんはこの時とばかり同級生に宣伝し、ギターとヴァイオリンをあっせんして豆ブローカーになりました。

久美ちゃんに感想を聞いてみると、

「三越で弾いてるとすごくおもしろいよ。皆ぞろぞろたかってきて、久美ちゃんの顔ばかり見てんの。三階の店員さんとすっかり仲良くなったよわ。公ちゃん、買い物したらうんとまけられたの。またいつか弾きたいやあ。」

最後にお父さんに、皆どんな弾きぶりだったか聞いてみました。

「久美ちゃんは見物人を見物しながら口をとがらしたり引き締めたりして、けそっとして弾いてるし、千重子ちゃんは姿勢正しくまじめな顔してヴァイオリンから目を離さないし、幹朗さんと姉ちゃんはぽわっと口開けて弾いてたよ。」

第三楽章

家族

一九五一年（昭和二十六年）〜
一九六四年（昭和三十九年）

石森ヴァイオリン教室

元子の手記より

平屋から急な階段のある家に引っ越して、しかもトイレが一階にあるので、その階段を一日に何度も上り下りする必要が生じました。仕方ないので、そのたびに家の者におぶってもらいましたが、どうしても自由に上り下りできるようになりたいと思っていました。いつまでもおぶってもらうわけにはいきません。ある日、思い切って膝をつき、後ろ向きになって一人で階段を下りてみました。はじめはずいぶん怖い思いをしましたが、練習するうちにだんだん慣れてきて、足代わりに膝で畳や板間も歩くようになりました。前より運動量が増えて、膝が足の裏みたいに丈夫になり、気がついたら両膝に大きいタコができていました。

引っ越してしばらくの間は銭湯に行きたくなくて、家で行水していました。この頃から映画が趣味となり、映画好きの父や妹がよく自転車で連れていってくれました。荷台に乗せられるのが嫌で、発病前に乗っていたのだからとサドルへまたがらせてもらい、自分でハンドルを切って付き人に荷台を押してもらいます。痛みのない時はペダルも踏めて、本人はうれしいのですが、付き人は危ない時や止まる時に自転車が倒れないようにするのに苦労していました。映画館に着いたらおぶさって中に入ります。

「あんなにまでして来なくてもいいのに。」

と言われて唇をかんだことも何度かありました。

そうしているうちに銭湯にも自転車に乗せられて行くようになりました。母や妹におぶさって中に入り、膝でいざりながら変形した裸姿で浴槽に行きます。どの妹も恥ずかしがらずによく世話をしてくれました。

立てないことが何とも残念で、足が伸びて固まって直角に曲がらない足首を眺めているうちに、立てないのは痛みのせいだけではないことに気がつきました。そして曲がらない足首でも、かかとが五センチのサンダルを履けばまっすぐ立てることを発見しました。それから椅子などを使って立つ練習を始め、少しずつ立てるようになっていきました。十八歳になった頃から松葉杖を使い始め、杖に頼ってどうにか少しだけ歩けるようになりました。それも束の間、肩が痛み出したので松葉杖はやめ、代わりに片杖を使い始めました。人手にすがりながら五メートルくらい歩けるようになったものの、何しろ足に体重がかかるとかなり痛いので、家の中では相変わらず膝をついていました。すると今度は右膝にばい菌が入り、炎症が出てきました。

そんな状態で学校へ戻るのはもう無理だと思い、ついに復学を諦めました。でも中学卒業の資格だけはどうしても取りたくて、検定を目指して試験勉強を始めました。ちょうどその頃、ＮＨＫでドイツ語とフランス語のラジオ講座が始まり、前からドイツ・リートやシャンソンを原語で歌ってみたいと思っていたので、この時とばかりに両方受講し始めました。

久美子は一年生になり、上手にヴァイオリンを弾くので市の小中学校音楽コンクールに出してみました。すると見事入賞したものだから新聞にも載り、

「うちの子にも教えて。」

とご近所から頼まれ、たちまちヴァイオリンの先生になってしまいました。最初は向かいの果物屋の佐藤さん、隣のかご屋の本郷さん、中央市場で飲食店をやっている佐々木さんなどご近所だけだったのが、口コミで次々と生徒が増えていきました。

稽古場は自宅二階の三畳間で、先生は二段ベッドの下の段に腰かけたままです。リウマチが腫れて痛い時は温湿布をして、その上から毛布をかけて温めます。生徒が来れば痛いなんて言っていられません。お手本を見せるときも座ったまま。ヴァイオリンをチェロのように抱えて弾いてみせます。さらには東二番丁小学校からもヴァイオリンを教えに来てほしいと頼まれ、毎日自転車で送り迎えしてもらって通うようになりました。

経済的にどん底の時期だったので、生徒が月謝を持ってくると、それがそのままお米やお

かずに化けました。差し迫っている時などは、母がお稽古中に来てふすまをそっと少しだけ開けて中をのぞき、

「今日は月謝持ってきた？」

と生徒に催促することもありました。その月謝を持って妹が晩ごはんのおつかいに行くのです。自立のめどが立って自信がつきましたが、先生となれば変な指導はできません。それまでの指導書の研究に拍車をかけて、本気で取り組みました。

半年もしないうちに生徒が三十人に増えたので、さっそく「ヴァイオリンクラブ」と称して発表会を開くことにしました。発表会となればピアノ伴奏が必要です。レッスン中はピアノ伴奏のパートをヴァイオリンで弾いて生徒と合わせていましたが、当日の伴奏は公子にお願いしました。千重子と久美子はもちろん、四歳になったばかりの照朗も演奏し、最後はシューベルトの「軍隊行進曲」を十五人で合奏して締めくくりました。

この頃から初歩の曲の伴奏くらいは何とかならないかと考え始めました。家が狭いので引っ越す時にピアノは持ってこられませんでしたが、小学校にはピアノがあります。そこで一度は諦めたピアノに向かってみました。リウマチ特有の変形で、指の付根はこぶ状に盛り上がり、固定して動かない指が四本もあります。それでもヴァイオリンを弾いているうちにいつの間にか指に力がついていて、割と弾けたのに気をよくし、少しずつ伴奏を始めました。

伴奏をつけてあげると、生徒も自信を持って弾くようになり、これがとてもよい指のリハビリになりました。届かない和音は両指で補い合い、ペダルを上手に使うとそう不自由しないで伴奏できます。そして伴奏を重ねるうちに全然届かなかったオクターブも黒鍵も次第に届くようになり、力が出なかった曲がった指にも力がつき、和音をつかむ範囲も広がっていきました。

翌昭和二十八年二月八日、十九歳にして中学卒業資格検定試験を受け、無事に合格しました。足が冷えないように火鉢と毛布を持って、母におぶわれて試験場に行ったので、後から河北新報が取材に来て新聞記事になりました。四月には通信教育で高校に入学し、よく通っていた東北劇場が特別に学割にしてくれました。

右膝の炎症は腫れと痛みがひどくなり、滑膜切除の手術をすることになりました。滑膜とは関節を包んでいる関節包という組織の内側にある薄い膜で、ネバネバとした関節液を分泌し、関節の骨を覆っている軟骨を潤って関節の動きを滑らかにします。関節リウマチは、何かのきっかけで滑膜に炎症が起こって何倍もの厚さに腫れることから始まる病気で、腫れた滑膜は発痛物質や軟骨を溶かす物質などが入った液を分泌して、軟骨が溶けたら次は骨を壊して関節を変形していきます。だから腫れた滑膜を取り除くことで、痛みも和らぐというわけです。

手術の後は膝をつくのが怖くなり、階段は腰かけた形で足をついて、前向きに上り下りするようになりました。家の中でもかかとの高い上履きのサンダルを履いて杖をつき、板の間も何とか歩けるようになりました。この頃の体重は三十キロぐらいでしたが、立っている時間が増えて筋力が少しつき、かかとも少しずつ低くしていきました。

高校の方はスクーリング、いわゆる面接指導には一度も出席できず、ヴァイオリンの仕事が忙しくなって健康に自信がなくなり、健康第一と勉強を休止することにしました。結局両立は無理と諦め、二年で中退となりました。

昭和二十九年には生徒が四十人を超えたので、正式に石森ヴァイオリン教室を開きました。ちょうど空襲で焼けた東二番丁幼稚園が再建されて開園した年だったので、その幼稚園を借り、十月十日に第一回おさらい会を開きました。

タンゴバンド

公子の手記より

高校二年生の夏休みは、紙屋さんで七夕飾りの花かごを作るアルバイトをしました。大した額にはなりませんが、少しでもお金を稼がなければなりません。父の収入が少なくて、宮城学院の学費が払えなくなってしまったのです。滞納すると張り紙が出て、学校中に知れ渡ってしまいます。払わないわけにはいきません。

七夕が終わって次のアルバイトを探していると、一番町の三立楽器店から、うちでアルバイトをしないかと声をかけられました。社長の本庄秀雄さんと父は名楽堂の頃からの知り合いです。どうやら父が私の知らないうちに、

「娘がアルバイト探してるんだけど。」

と本庄さんに話を持ちかけたようです。もちろん喜んで引き受けました。

三立で働くのはだいたい週末です。楽譜売り場を担当しましたが、ときどき営業のお手伝いでピアノの納入に付き添いを頼まれました。当時は田舎の方にある学校がピアノを購入するケースが多く、体育館などにピアノを配達して設置する際、学校の先生、生徒、父兄など

を呼んでお披露目会をするのが楽器店の営業サービスの一環でした。営業マン、それから民謡歌手などと一緒にマイクロバスで現地に出向き、納入したピアノで私がまずクラシックを一曲、続いて「さくらさくら」などの日本古謡をメドレーで一曲弾きます。その後に民謡歌手が「さんさ時雨」など三曲ほど歌うので、私はその伴奏をして、最後にアンコールに応えて終わりとなります。マイクロバスではなく、営業マンのバイクの後ろに乗って行ったこともありました。

三立でバイトをしたおかげで、音楽関係のお客さんも顔を覚え、いろんな人と知り合いました。そのうちの一人が斎藤一郎さんです。父の友人でもあり、タンゴバンドのリーダーとして、ダンスホールでハーモニカをメインに演奏していました。その斎藤さんに、

「今ピアノがいなくて弾く人探してんだけど、公ちゃんどう、やってみねすか？」

と誘われました。タンゴなんて全然知らないし、聴いたことも弾いたこともありません。

「夜の六時から十時までやってくれたら、三立で昼間働いてんのと同じギャラ出してやっから。」

と言われました。夜の仕事なのでどうかと思いましたが、父が帰りは夜道で危ないから迎えに行ってやると言うので、思い切ってやってみることにしました。もちろん学校には内緒です。

その頃の仙台にはキャバレーやダンスホールがあちこちにあり、どこも大盛況でした。私が通うのは東七番丁にあるダンスホール「スターダスト」。タンゴバンドはリーダーの斎藤さんがハーモニカで、他にアコーディオン、ドラム、ベースとピアノの五人編成です。初日に渡された楽譜を見て、びっくりしました。音符はソロのところしか書いてないのです。あとはコードネームが記されているだけで、それを四分の二拍子で一小節に八分音符が四つと数えて弾くように言われました。このコードというのが初めてなので戸惑いましたが、とにかく覚えなければなりません。

家にはピアノがないので、早めにホールに行ってピアノを使わせてもらうか、学校で練習するしかありませんでした。音楽科の校舎の三階にはおんぼろピアノがいくつも置いてあって、昼間はいつでも使うことができました。でもタンゴの練習なんてしたら、先生に何て言われるかわからないし、アルバイトの話がバレたら大変です。こっそり練習しながら少しずつ覚えていき、慣れてくると緊張感が抜けて楽しさも出てきました。

スターダストのオーナーは浅見万平さんという背の高いスポーツマンで、母校の東北学院大学でレスリングを教えていて、酒店も経営していました。仕事は夜六時から始まり、客入りにもよりますが、だいたい四ステージでした。三十分演奏して次のバンドと交代します。チェンジバンドには九～十三人編成のフルバンドやハワイアン、三～五人のコンボなどいろいろありました。

バンドの仲間は勤め人や大学生で、もちろん私が最年少です。高校生の私は原則としてホール入室禁止で、休憩時間になってもホールには入れてもらえず、オーナーの部屋で宿題でもやっているように言われました。でもチェンジバンドに時折フルバンドが入ると、それを聴くのが大好きで、よくカーテンの隙間からのぞいていました。ＦＥＮの放送で聴いた曲やグレン・ミラーの曲が流れてきて、ジャズの生演奏のすばらしさを満喫していました。毎日のタンゴの演奏も慣れてきて、それが練習の積み重ねになり、だんだんと感じも要領も覚えてきました。

そんなある日、フルバンドのピアノをのぞいてびっくり。そこで弾いている人に見覚えがありました。清水道子先生のところで一緒に習っていた高橋洋さんです。

「ちょっと弾いてみるか？」

と言って代わってくれましたが、フルバンドの楽譜を見るのは初めてです。迷っている暇もなく、あたふたしている間にどんどん進んでいってしまい、さっぱり弾けずにがっかりしてしまいました。そして惨めでした。でも憧れのジャズなので、そう簡単に諦められません。タンゴと違ってフルバンドの楽譜はアメリカのもので、全部印刷してあります。とりあえずそのとおり弾けばいいのです。何とか弾けるようになりたいと思い、さっそく余分な楽譜をもらったり、アメリカのジャズの教本を買ったりして、密かに練習を始めました。皆仕事のライバルなので、ジャズの弾き方なんて教えてくれる人は誰もいないし、自分でやるしかありません。ホールで他の人の弾き方を盗み見したり、映画でピアノを弾く場面を繰り返し観察したりしながら、独学でジャズの勉強を続けていきました。

ブラスバンド

幹朗の手記より

僕は中古レコード屋の二階で生まれ、音楽に囲まれて育ちました。頭の大きな太った赤ん坊で、あまり泣くこともなく一人で遊び、まったく手がかからなかったそうです。生後四ヶ月の時に階段から落ちましたが奇跡的にケガ一つせず、その後はしかにかかって内炎を起こし絶望視されましたが、またも奇跡的に助かって二回命拾いをしました。

よほど学問が好きだったらしく、幼稚園最低年齢の三歳になる前から姉についていって見学し、三歳になるのを待って入園しました。あまり名誉な話ではありませんが、幼稚園のブランコに姉が乗っているのを見て、

「危ないから乗るな！」

と泣き騒いだり、風呂に入って手ぬぐいが湯船に沈むのを見ては騒いだりしたそうです。勇気があったのか、それともバカだったのかはわかりませんが、ケンカがあると何の関係もない僕が小さいくせに仲裁しようとして中に入り、逆に殴られて帰ってくることもたびたびあったそうです。四歳にしてピアノと習字を習い、小学校に入る前に四桁の足し算と引き算

をスラスラと暗算してみせて驚かれました。

当時は支那事変から太平洋戦争と戦争の嵐が吹きまくっていたので、金はあれども物がありませんでした。そんな時に僕はいつも失敗ばかりして親を泣かせました。例えば、近所の病院の大ガラスを割ってしまい、親父は弁償しようと市内を走り回ってガラスを探し、ようやく一枚探し当てて帰ってきました。それを入れてしばらくすると、今度は旅館のガラスを割ってしまいました。もうその頃にはまったくガラスがなかったので、お袋が謝りに行ってガラスの破片を丁寧に貼り合わせて許してもらったそうです。また、ある日両親と一緒に陶器店に買い物に行き、親が物色中、僕は退屈なのでウィンドウに寄りかかりました。ところがなんとそのウィンドウの戸が開いていたので、そのままツーと倒れ、高級品がずらりと並んでいる中に尻もちをついたからたまりません。ガチャン。そのために親はヒビの入った高級品をたくさん買わなければなりませんでした。

小さい時、お袋は僕がすごい男になると思っていたようです。なぜなら、子どもの時から誰が呼びに来ようと返事だけしておいて、自分のしている仕事が済むまでは絶対に動かず、どんなに待たせようが平気で一生懸命やっていたからです。ところが、その時の僕は将来大臣や社長になろうなどとは少しも考えていませんでした。毎日考えていた夢は、なんと「汽車の旗振り」でした。その理由は単純率直です。

「だって旗振りになると、毎日ただで汽車に乗れるんだもの。」

大きくなるにつれてそんな夢も消え、音楽と映画の他に釣りやラジオ関係、読書など、いろいろな趣味を持つようになりました。

僕の一大欠点は「怠け性」です。ヴァイオリンも本気で毎日練習すれば相当な腕になることはわかっていながら、つい怠けてしまいます。勉強の方も同じで、試験勉強をすればもっと上位になることを百も承知していながら、結局やりません。もう一つの欠点は「のんき者」ですが、これは時によっては利点になることもあります。それから僕は不潔不秩序がとにかく大嫌いで、部屋が乱雑になっている時や物が壊れている時は、直さないと気が済みません。

中学生になってからも市の音楽コンクールでは毎年一位に入賞し、二年生になると館山先生に勧められてアマチュアオーケストラの仙台市民交響楽団に入団しました。ちょうどその頃、亘理に住んでいる平田さんからアルバイトの話が舞い込みました。二人の息子にヴァイオリンを教えてくれと言うのです。平田さんは遠い親戚にあたり、ついでだから他にも生徒を集めてくれると言うので、さっそく毎週日曜日に平田さんの家まで教えに通うことになりました。

朝、お袋から汽車賃六十円をもらい、仙台駅から亘理駅まで一人で汽車に乗って行きます。

途中で十円を落としてしまったこともありました。仙台駅に着いてから気づき、仕方ないので五十円で行ける岩沼駅までの切符を買い、岩沼駅から二駅分歩いて平田さんの家まで行きました。平田さんの家はとても立派なお屋敷で、下は三歳から上は小学三年生ぐらいまでの小さな子どもたちが次々とレッスンにやって来ました。

学校では合唱団に入っていたので、その練習もあって忙しい毎日でした。五橋中学校の合唱団は佐藤栄子先生の指導のもと、全国唱歌ラジオコンクールで昭和二十四年に新設された中学校の部を制覇して全国一となり、その後も毎年一、二を争って仙台の名を全国に知らしめていました。

ところが合唱コンクールを控えて練習を重ねていた中学二年の秋、突然八島実先生にブラスバンドに入れと言われました。当時、市内の中学校にはブラスバンドなどなく、宮城県内では大河原中学校にあるだけでした。それがどういうわけか、八島先生の指導で五橋中に創設されることになり、楽器ができる生徒たちにお声がかかったのです。

「ヴァイオリンが弾けるならラッパも吹けるだろ。」

とボロボロのトランペットを手渡され、初代の部長を命じられました。兵隊帰りの八島先生に嫌だとも言えず、結局合唱コンクールにも出られませんでした。中体連の開会式ではトランペットを十分以上も吹き続け、唇がしびれて音が出にくくなったのが忘れられません。

ちょうど家族と一緒によく映画を観に行くようになった頃で、最初はお決まりの西部劇、活劇、喜劇などだったのが、姉のお仕込みで高級映画を観るようになり、映画音楽のすばらしさに魅せられてクラシック以外の音楽に興味を持ち始めていました。

中学三年の最後の音楽コンクールで同位入賞した磯兄弟や天江くんは、ヴァイオリンを本格的に勉強するため一家で上京しましたが、当時の自分には音楽家になろうなどという気持ちはなく、仙台一高（1）に進学しました。入学式当日、館山先生が参列していてびっくりしました。それまで先生がずっと一高で音楽教師をしていたことを全然知らなかったのです。名楽堂の向かいにあった大槻米屋の息子も一つ上ですが浪

五橋中学校ブラスバンド（左から三番目が幹朗）

人して一高に入り、同級生になりました。

一高にはブラスバンドがありませんでした。二年生の時、毎年恒例の一高・二高⑵野球定期戦初日、二高にその年できたばかりのブラスバンドがずらりと並んで応援し、そのものすごい音に圧倒されました。こんちきしょうと思い、次の日楽器を持っている生徒たちに声をかけて五、六人の即席バンドを作り、第二試合では今のプロ野球の鳴り物みたいな応援で対抗しました。

後日、生徒会にブラスバンドの設立を提案してポケットマネーを出してもらい、一番町の大一楽器に行って中古の楽器をそろえてもらいました。足りない分は校長に掛け合って学校から寄付してもらい、三年生の立花明先輩を初代の部長として仙台一高ブラスバンドが誕生しました。

当時はブラスバンドの楽譜といえばマーチが多く、ドイツの「旧友」、アメリカの「美中の美」や「錨を上げて」、フランスの「勝利の父」など、演奏していても聴いていても爽やかな感じがしたものです。その頃はペレス・プラード楽団のマンボやモダン・ジャズが全盛で、練習の時はそんな曲ばかり吹いていました。でも楽譜がないので、レコードなどで聴いて覚えるしかなく、演奏する時も譜面なしでした。特にアメリカのジャズ・トランペット奏者、ハリー・ジェームスに憧れ、イタリアのカンツォーネをスイング・ジャズにアレンジした彼のテーマ曲「チリビリビン」をソロで演奏したこともありました。

ブラスバンドができたと同時にヴァイオリンのアルバイトも増え、さらに忙しくなりました。まずは聖ウルスラ学院の幼稚園に頼まれ、週一回、学校の帰りに寄って子どもたちにヴァイオリンを教えるようになりました。するとウルスラから伝え聞いたのか、ラ・サール会修道院からもお声がかかり、同じく週一回、東仙台の光ケ丘天使園にヴァイオリンを教えに通うようになりました。光ケ丘天使園はラ・サール会が戦災孤児のために建てた男の子だけの養護施設で、坂道をずっと登っていった丘の上にありました。

光ヶ丘天使園で

戦後の食料難がようやく落ち着いてきて、子どもに音楽を習わせたいという人が少しずつ増えてきた頃でした。ピアノは高すぎて手が出ないからヴァイオリンにしようという人が多く、ちょうど鈴木慎一の才能教育研究会の影響もあって、子どもたちがヴァイオリンのケースを手にして歩いているのをよく見かけるようになっていました。

当時のヴァイオリンにはひどいものがあり、弓も弦もナイロン製、本来は黒檀《こくだん》のはずの指板もただの木に黒く塗っただけのもので、弾いているうちに色がはげて指が黒くなったり木肌が見えたりするものもありました。それでも自分の楽器が持てるだけでうれしかったのだろうと思います。

三年生になるとブラスバンドの部長を任されました。ウルスラとラ・サールのアルバイトもあっていつも帰りが遅くなり、日曜は亘理へ行かなければならず、ゆっくり勉強する暇もありません。まだ館山先生にヴァイオリンを習っていましたが、そのまま続けるのはかなり

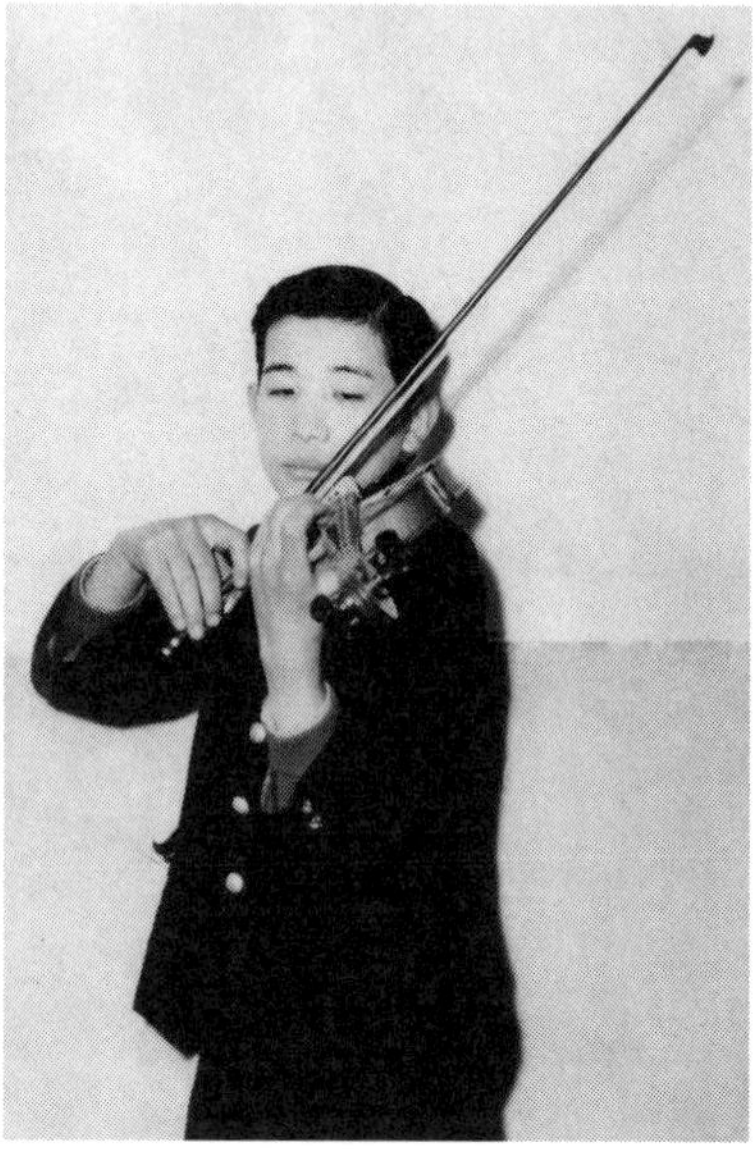

難しい状態になっていました。そんなある日、館山先生に、

「もう坊ちゃんに教えることは何もありません。」

と言われました。その一言で踏ん切りがつき、長い間習っていたヴァイオリンをついにやめることにしました。

（1）宮城県仙台第一高等学校。
（2）宮城県仙台第二高等学校。

モガミ湯

照朗の回想より

ある日、お祭りの屋台で誰かがヒヨコを三羽ゲットしました。小さなヒヨコたちはピヨピヨとかわいくて、家が狭いのに結局飼うことになりました。

「どうせすぐ死ぬんださ。」

飼い始めてすぐ、誰かが言いました。金魚すくいの金魚を持ち帰った時もそうでした。

さっそくおばあちゃんの指導のもと、ヒヨコのエサにハコベを採りに行きました。それまで単なる雑草のかたまりと思っていた中に、ハコベとヨモギという人間に関わりのある植物が混在していることを、遊びの中で教わりました。

悲しい事件が起きたのは、被害者がまだ小さなヒヨコの時です。せっかく鶏小屋まで作ったのに、かわいくて一緒に寝たのか、誰かの布団の中で一羽が圧死。もう一羽も変死。残った一羽は大きく育ってうるさく鳴くので、中央市場の鶏肉屋に持ち込んで精肉と交換してもらいました。

小学生になると学校で生活調査みたいなのがあって、

「内風呂はありますか?」

「どのくらいの頻度で入浴しますか?」

とか挙手で調べられ、裕福層の多かった学区で子どもも心が傷つきました。銭湯の「モガミ湯」は東一番丁のボンボン会館の裏側にありました。一階のパチンコ店の脇の通路を入った奥に入り口がありましたが、パチンコ店に入るとちょうど奥の出入り口を出た所なので、チンジャラやっているのを眺めながら通いました。もちろん毎日ではなく、週に一、二回くらいです。夏は汗をかくので、トイレの前にタライを置いて行水しました。

僕の銭湯の記憶の始まりはもちろん女湯で、母の膝の上で天井の排気窓を薄目で見ながら頭を洗ってもらっているシーンです。僕の興味を惹きつけたのは下足箱の鍵でした。手のひら大の板に切れ目が微妙な間隔で入っていて、鍵ポケットに差し込むと解錠されます。不思議でした。銭湯には家族で行きますが、湯上がりタオルは一枚なので、脱衣場で声をかけて、潜り戸を通って男湯に持っていくのが僕の役目でした。大きくなってはじめから男湯に凱旋《がいせん》できた時は、大人になったなと勘違いしました。モガミ湯の裏の出入り口を出ると、釜焚きの現場を横目にして南光院丁に抜けられます。

南光院丁にはたくさんお店が並んでいました。家の向かい側は、南町通りの角から南松竹映画館、喫茶店ロビンス、その次は映画館の搬入口らしく、空地になっていました。このちょっとした空間に飴屋が来て金太郎飴を売ったり、焼き芋屋や爆弾あられ屋などがリヤカーで登場したりして、街中の貴重なスペースでした。脇に木の電柱が一本コールタールをまとって立っていて、上にはトランスが不気味にのっかっていました。

その次の四軒長屋の始まりがおでん屋の「みかさ」。同級生の内海かおるちゃん母娘が住んでいました。その隣が「菅野洋服店」。三男一女を持つ小柄な夫婦がやっていて、三男の繁夫ちゃんとも同級生でした。その次が果物屋さんの「佐藤商店」で、子どもはさっちゃんとこうちゃんの二人です。夏休みになると近所の子どもたちが早く起きてこの店に集まり、トウモロコシの葉をむくお手伝いをします。それをふかして店で売るので、お駄賃代わりにふかしたばかりのアツアツをもらいました。卵も売っていたし、トスケ（1）もあって、よく子どもたちが群がる店でした。

左から「みかさ」、「菅野洋服店」、「佐藤商店」

その隣がバー「カトレア」。オーシャンウイスキーの帆船のシルエットの看板が店の前に出ていました。この四軒は棟続きで、家の入り口は裏側の通路にありました。カトレアの横は「大松旅館」の玄関へ通じる立派な入り口通路になっていて、この通路の次が中央市場の一軒目でした。

中央市場はおもしろくて見どころ満載です。ウナギとドジョウのお店があり、店頭の桶の中で上に行ったり下に潜ったり忙しそうにしています。その後ろでは親爺さんがウナギの頭に千枚通しのようなものを刺し、暴れるウナギを手早くおろしています。お茶屋さんの前を通るとほうじ茶のよい香りがして、店の中では茶葉を竹ざるでリズミカルに煽《あお》っています。隣の乾物屋さんでは、なぜか店頭で当時では珍しい銀たらの炭火焼きを見せびらかすように焼いていて、魚屋さんも負けずに店頭で魚を見事にさばいていました。

家側の並びは電車通りの角が中華料理屋で、その次が「ローズ」という床屋さん。その隣が「かご本商店」。本郷さんが岩出山から製品を仕入れてやっているかご販売店で、街中では珍しいので結構売り上げていました。その次が家、そして棟続きでバー「ココ」。こちら側の大家は仙鉄工業でした。

南松竹には皆自転車で映画を観に来ます。その自転車を預かる担当者の息子で四郎ちゃんという年上の子がいて、いつも南松竹の自転車置き場にいたので仲良しになりました。映画館のネオンサインのところにはいっぱい虫が集まってきます。義茂兄がファーブルの昆虫記を読んでいたのに影響されて、虫にとても興味を持っていましたが、夏休みの宿題の昆虫採集もそこでカナブンとか採ることができました。映画もよく観ました。映画が終わる三十分くらい前になると、ぺろんこ（2）で入ることができるのです。松竹だから美空ひばりが多くて、よく映画の宣伝で「お祭りマンボ」を表のスピーカから繰り返し流していました。もうそればっかり聞いていたので、美空ひばりが嫌いになってしまいました。

（1）駄菓子のくじ。
（2）料金を払わないこと。

将校クラブ

公子の手記より

昭和二十九年の春、何とか無事に高校を卒業しました。英語の成績が良かったので、大学の英文科に進んで英語ペラペラという憧れがあったのですが、何せ私立大学に行くお金なんてありません。公立大学を受験しようにも、理数の単位が足りませんでした。もともと理数が苦手で、宮城学院では選択科目だったのでずっと避けてきたのです。本当は英語を活かした職業に就きたかったのですが、ピアノのアルバイトがもうすでに生きるための仕事になっているし、結構楽しいので、このままもう少し続けて様子を見ることにしました。

そのうちタンゴもいつも同じ曲、同じスタイルでつまらなくなってきました。だんだん他のバンドの目にも止まるようになり、あちこちから引っ張られました。この頃はバンドの仕事がたくさんあり、メンバーだけでなくバンド自体の入れ替わりも激しく、バンドマスターが夜逃げしたなんていう話もよくありました。最初に移ったのは、キャバレー「仙都クイン」です。一番町の大一楽器店の二階にあり、こちらもタンゴバンドでした。お目当てのフルバンドにはそう簡単に移れるものではありません。その後、錦町の角にある仙台で一番大きいキャバレー「ソシュウ」に移り、移るたびに少しずつギャラもよくなっていきました。ときどきエキストラで呼ばれ、「タイガー」など他のキャバレーに行って欠員の穴埋めをすることもありました。

お客さんはどこもすべて日本人です。キャバレーは高くて一般の人にはあまり手が届かず、ほとんどが大企業の接待のようでした。占領中は、進駐軍に接収されて将校クラブや下士官クラブになった酒場や、進駐軍相手のキャバレーやダンスホールが市内に数多くあったと聞きました。でもこの頃には占領が終わって接収も解除され、日米安全保障条約で米軍は引き続き駐留していましたが、彼らのクラブは川内や苦竹の米軍キャンプ内にありました。

キャバレーでは有名歌手のショーもあり、よく伴奏をさせられました。ソシュウで淡谷の

「仙都クイン」の楽屋で

り子の伴奏をした時には、バンドマスターが、

「この人のピアノはどうですか？」

と聞いたら、

「あなたはね、もっと恋愛をして失恋もした方がいいわよ。」

と言われてしまいました。

仕事は夜なので、昼間は時間があります。母に花嫁修業でもしたらと勧められ、なるほどそういう手もあるかといろいろやってみることにしました。母はほとんど和服で生活していたので、浴衣ぐらいは自分で縫えないと困るからと和裁の学校を探してくれました。戸田和裁縫専門学校です。きっとした顔のおばあさん校長の学校で、まずは母の古い着物をほぐした布で、運針から単衣へと習っていきます。これがなかなかおもしろく、和裁の次は洋裁、そして好きな料理と一通り学校に通いました。習った料理は家でもう一度作って復習します。当時はあまり売っていなかったマヨネーズなども家で作り、時間のある時はよく料理をしていました。

仕事の方はいつの間にかフルバンドに移り、うれしいはずが、酒場で働くのはもう嫌だと思うようになっていました。そんな時、川内の米軍キャンプの将校クラブでフルバンドのピアノを弾く機会を得ました。X橋の下の方にあった「未亡人クラブ」でピアノを弾いた時に

知り合った、武ちゃんこと佐藤武さんがバンドマスターです。将校クラブはとても見晴らしのよい丘の上にありました。将校たちが家族と一緒に会食している間にホールで演奏するので、キャバレーとは違ってとても上品です。週に二回ぐらいでしたが、夕方にバンドの仲間とふざけながら自転車で川内まで通い、楽しくて仕方ありませんでした。

米軍キャンプは川内の他にも苦竹や福島県原町など、バンドマスターがあちこちから仕事をもらってきました。少人数のコンボだったり、小さなパーティーだったり、ダンスパーティーだったり、仕事はさまざまです。ピアノはほとんど丈の短いアップライトでしたが、パー

将校クラブのフルバンド「Rhythm Rascals」

ティー会場に着いてみるとピアノがなかったなんてこともあり、バンドマスターに弾かなくてもギャラはもらえるからそばで見ているようにと言われました。米軍のトラックが迎えにくると、女性の私だけ前の助手席に乗せてもらいます。踊れないのに誘われて、仕方なく踊ったりもしました。

そんなある日、バンドマスターがピアノのソロの仕事をもらってきてくれました。食事中に流してろと言われ、五ドルのギャラをもらいました。もううれしくて、これを機にエディ・デューチンのジャズピアノ教本を買って簡単そうなものから練習し、バンド演奏の合間にソロのステージをもらえるようになりました。

右耳の聴力がなくてもそれほど不自由さを感じることなく育ち、音楽の仕事にも一向に差し支えありませんでした。それでも母は、私が大きくなってからも、中耳炎になっていたことに気づくのが遅れて本当に申し訳ないことをしたとしきりに詫びていました。ただ小さい頃からプールに入ることを禁止されていたので、まったく泳げません。これだけは少し残念です。

家の生活は相変わらず苦しくて、姉と幹朗がヴァイオリンを教え、私もバンドで稼ぎ、下の弟妹たちも皆アルバイトをしたりお手伝いしたりして何とか家計を支えました。貧乏暮らしでしたが、楽しい毎日でした。

鳩

久美子の日記より

三越の屋上の小鳥屋さんで、鳩を買ってもらいました。ヒヨコがいなくなって鶏小屋だけが残っていたし、鳩レースブームで兄弟も皆鳩を欲しがっていたのです。オスとメスの一羽ずつ。まだ小さいので「チイチイ」と鳴きます。

それから間もなく、三越に五羽の迷い鳩がやって来ました。小鳥屋さんに頼まれて預かってやったら、ケンカばかりしています。迷い鳩の持ち主が東京の樋口さんという家だとわかったので、さっそく小鳥屋さんに持っていって送ってもらいました。それをきっかけに、樋口さんの家と私の家はとても仲良しになりました。

ところがその後すぐに、三越で買った鳩を泥棒に盗られてしまいました。がっかりして樋口さんに知らせたら、うちには今三十羽いるからと言って、親鳩を二羽送ってくれました。それから三越でまた二羽買って、お正月に知り合いから一羽もらったので、全部で五羽になりました。五羽となると今までの鶏小屋では狭くてかわいそうなので、冬休みに幹朗兄さんが新しく人が入れるくらい大きな小屋を作ってくれました。

その次の日の夜、隣のおばさんが、

「たいへん、鳩が盗まれますよ！」

と言うのにびっくりして小屋を見に行ったら、もう泥棒が逃げていくところでした。鳩は無事でしたが、夕飯を食べながら皆でいろいろ相談しました。結局次の日、幹朗兄さんが小屋を開けるとベルが鳴るように仕掛けをしてくれました。

二月になると、また樋口さんが鳩を一羽送ってくれました。今度は白いレース鳩です。きれいなオスで、血統書と所有権証までついていました。前に送ってもらった親鳩も、ようやく卵を産みました。今か今かと待っていたのでもうれしくて、その卵がかえった時は、

「子にかえった！　子にかえった！」

と思わず声を上げて喜びました。茶色と黄色の小さいヒナです。でも皆は、

「頭はカッパで体はハリネズミみたい。」

などと言うので、

「今にずんずん大きくなって、新しい毛が生えてくるから。」

と言ってやりました。

親鳩はオスもメスもお乳を作り、それを代わりばんこに口から吐き出してヒナの口に入れてやります。一週間もすると、ヒナは巣皿の外に出るようになりました。もっと大きくなっ

もしてにして二階建てにして上と下に区切って網で鳩小屋を作ってあげました。そのヒナが巣立ったら巣立ちしなければなりません。それで鳩小屋を網で上と下に区切って二階建てにしてもらい、「仙台市南町通十三　石森」と書いてある足環も付けてあげました。そのヒナが巣立ちしてから十日もたつと、また親鳩が卵を産む準備をし始めました。この調子ではどんどん増えていきそうなので、何段にも重なった止まり木を作ってやりました。

鳩は一日中見ていても飽きません。毎日朝晩飛ばしてやり、その間にエサの準備をします。すると満足した頃に一斉に帰ってきて、トラップから小屋に入ってエサを食べます。それからときどき洗面器に水をくんで、水浴びさせてあげました。雨が降ると小屋がびしょびしょになってしまうので、掃除をするのもイヤになります。

三月二十五日は朝から鳩レースを見に行くことになっていましたが、遅く起きてしまったので間に合わないと思って、一人だけ行きませんでした。

鳩小屋

帰ってきた皆の話では、千二百羽も飛ばしたのに曇っていた上に霧がかかっていて、遠くまでよく見えなかったそうです。鳩たちは方向がわからなくなってしまったようで、家の辺りを五十羽も百羽もかたまって飛んでいました。だんだんバラバラになって屋根すれすれに飛んでいき、今夜はどこで寝るんだろうと思ってかわいそうになりました。レースに出して迷ってしまったら鳩に迷惑をかけることになるので、うちではレースに出さないことにしました。

その三日後のことです。朝飛ばした鳩がなかなか帰ってこないと思っていたら、迷ったレース鳩を連れて戻ってきました。何とか小屋におびき寄せたいと思っていろいろ考え、トラップの台にエサを置いてみました。でも昨日もレース鳩を捕まえようと思って屋根の上にエサをまいたので、そっちの方ばかり食べて小屋には入ってきません。ようやく降りてきて入ろうとしたと思ったら、別な鳩が来て追いかけたので逃げてしまいました。

夏になるとうちの鳩はもう遠くまで飛んでいっても帰ってくるようになったので、お姉さんが鳩を三羽かごに入れて、三越の屋上まで飛ばしに行きました。皆迷わずに帰ってきたので、次の週に県庁の広場から飛ばしてみたら、やっぱりちゃんと帰ってきました。樋口さんにもう十キロぐらい離れたところから飛ばしても大丈夫だと言われたので、お隣のおじさんが東仙台駅から鳩を飛ばすと聞いて、うちの鳩もお願いすることにしました。そうしたらちゃんと帰ってきたので、ホッとしました。

それからも鳩はどんどん増えて、十二羽になりました。ある日、よその鳩が二十五羽ぐらいで飛んでいました。迷い鳩が飛んでいる時にわざと自分の鳩を飛ばして連れてこさせることを「鳩釣り」といいますが、うちの鳩を飛ばしてやったら、一番大事にしていたオスの親鳩が逆に釣られて行ってしまいました。まだお乳を飲んでいる子がいるので、残されたメス親が一羽で頑張ってお乳をやらなければなりません。その五日後、鳩を飛ばしてエサの用意をしていたら、よその鳩が五羽くらいで飛んできました。一羽だけ降りてきたので急いで笛を吹いて呼び寄せると、思ったとおりこの間いなくなった親鳩でした。

九月五日の朝、干場で何か騒いでいるのが聞こえたので行ってみると、白鳩が猫に首をつかまれて持っていかれるところでした。その猫が隣の物置に入っていったので、皆で懐中電

久美子と鳩

灯を持って探しに行ったら、白鳩の死体だけが見つかりました。犯人は隣の家の黒猫で、子猫を三匹育てています。猫が鳩を取りたいと思うのは無理もないので、見張っていなかったのが悪かったんだと思いました。後でお隣から、

「どうもすみません。」

と何か持って謝りに来たので、申し訳ないような気がしました。でも、鳩にエサをやっているとサッと猫が目の前に現れたりするので、まったく油断がなりません。

鳩小屋はそれまで干場の向こう側の屋根の上にありましたが、幹朗兄さんがそれを壊して別に新しくもっと立派な小屋を作ってくれました。今度は干場の上なので、いくらでも中に入ることができます。それから、樋口さんが死んでしまった白鳩の兄弟の鳩を送ってくれました。これからはもうよい鳩だけ残すことにして、他の鳩は友達にあげたり売ったりしたので、うちの鳩は六羽まで減りました。

東北放送

公子の手記より

昭和三十一年、坂本登先生から仕事の話が舞い込みました。坂本先生は音楽教師を辞めて、東北放送で音楽、特に芸能関係を担当していました。東北放送は東北初の民間放送ラジオ局で、昭和二十七年に開局したばかりです。今放送している子ども番組のピアノ伴奏者を探しているがどうだろうかというお誘いでした。飛びつきました。

『朝の童謡』といって、月曜から金曜まで朝七時四十分から十分間、地元の子どもたちが歌を歌うという番組です。子どもたちが毎朝ごはんを食べながらこれを聴いて、それから登校するという時間帯のいい大人気番組でした。武田薬品がスポンサーで、「あさ、あさ、あーさがーすきとーおるー」で始まる明るいテーマソングもありました。この番組で子どもたちの伴奏をするというのです。

月に一回、出演者を決めるためのオーディションがあり、多い時には三百人もの子どもたちがこの番組に出たくてやって来ます。一人ずつ歌わせて一ヶ月分の人数を確保しますが、ピアノ伴奏者は歌の楽譜をその都度探さなければならず、大変なのだそうです。その点私は知っている歌なら楽譜なしでもＯＫだし、小学生の時から歌の伴奏をしていたので、弾いたことのある曲なら伴奏する程度は覚えています。まさに得意分野というわけです。

初めてのオーディションは三時間以上かかりました。一人ずつ歌った後に番組に出せるかどうかを判断して、音痴でどうにもならない人は外していきます。童謡、音楽の教科書に載っている歌、果ては幼稚園の園歌などさまざまで、やはり楽譜を探している暇なんてありません。まれに全然知らない歌の時もありましたが、コードさえわかれば合否を決める分には一向に差し支えなく伴奏できたし、他の子の伴奏をしている間にスタッフに楽譜を探してもらうこともできました。

このオーディションはおもしろくて、楽しくて、順調に進みました。結局これが入社試験みたいなものとなり、東北放送に入社が決まりました。専属契約も結び、もちろん他のバンドの仕事は全部辞めました。一ヶ月の契約金は一万八千円です。その他に一回ごとの出演料が加わり、一度に五日分収録しても一日分ずつの出演料が出るので、サラリーマンの平均月収を上回る額となりました。思いがけない収入です。

さて専属となった以上、局から与えられた仕事は何でもやらなければなりません。他に担当した番組に『のど自慢』がありました。東北放送は河北新報とのつながりが深く、社長の一力次郎さんは河北新報の元社長でもあります。会社も東二番丁の河北新報社の中にあり、スタジオやホールも同じ建物の中にありました。のど自慢もこのホールで収録します。まずはオーディションで出演者を選び、収録当日は午前中に出演者の音合わせをして、午後から本番です。ホールにはお客が入り、ディレクターが拍手の仕方などを一通り説明して協力をお願いし、録音が始まります。

だいたいが歌謡曲で、伴奏は坂本先生とコンビを組みました。坂本先生がアコーディオンでメロディーを弾いて、私のピアノはコードでズンチャカ、ズンチャカとリズムを入れる極めて簡単なものです。民謡の時は別に尺八と三味線の伴奏が入り、リズムのあるものならアコーディオンとピアノも加わりました。これで当時流行の歌謡曲や民謡のメロディーをだいぶ覚えました。たまにクラシックの独唱なんかが入った時は、私一人で伴奏しました。合否は局側のディレクターと音楽評論家が審査員となって決め、鐘をたたいて結果を知らせます。

朝の童謡は女性プロデューサーと女性アナウン

サーで構成され、一回の収録で月曜から金曜までの五日分を録りました。オーディションに受かった子どもたちの中から必要人数を選んで手紙で収録日をお知らせし、夕方六時にスタジオに集まってもらいます。歌う曲を決めてちょっとリハーサルをしてから本番となり、だいたい二時間くらいで収録が終わります。ラジオなので姿は映らないのですが、どの子どもたちもきれいに着飾ってやって来ました。最後にスタジオで記念写真を撮って、タクシーで出演者を家まで送り届けます。

まれにオーディションに受かった子の人数が足りないこともあり、そんな時は久美子や照朗を駆り出して歌わせました。録音中に照朗が鼻をすすってスタジオ中に響き渡ってしまったことがあり、もちろん録り直しで笑い話になりました。そのうちにオーディションではじめはうまく歌えない子でも、その子の声に合わせてキーを低めに変換して伴奏してあげると、ちゃんと声が出て歌えるようになる子が多いことがわかりました。オーディションに来た子どもたちには、歌い終わると参加賞が配られました。スポンサーの武田薬品の名前が入った三角鉛筆やノート、広告や歌が書いてある薬などです。

単発で東京から公開番組も来ました。当時はよその番組でもバンドは地元で編成されたので、歌手、タレント、漫才などの伴奏を受け持ちました。自分の成人式の時も成人の日のアトラクションで公開番組があったので、公会堂のステージでピアノを弾いていました。その頃伴奏した流行歌手は、コロムビア・ローズ、島倉千代子、春日八郎、笠置シズ子、庄子太郎などです。ソロで弾くことはほとんどなく、伴奏専門でした。

それからときどきのど自慢と民謡やコントなどを組み合わせ、県内をあちこちバスに乗って回りました。学校や公民館などを会場にして番組を公開録音するのですが、各地の催し物として喜ばれました。

スタジオのグランドピアノが空いている時はいつでも使っていいと言われ、だいたいいつも空いていたので、好きな時に練習できました。仕事の時はほとんどステージの上で弾くので、みすぼらしい服は着られません。そこで、オーバーまで縫えるほど洋裁の腕を上げていた姉が、次々とステージ衣装を縫ってくれました。二人で『装苑』や『ドレスメーキング』などの製図が載っている雑誌を見てスタイルを決め、いつも一緒に布地を買いに行きます。

出来上がったドレスはどれもすばらしく、どこにも売っていない流行のトップをいくスタイルなので、皆にうらやましがられました。ずいぶん贅沢をしていると思われたに違いありません。

姉のヴァイオリンの生徒はさらに増え続けました。自宅の狭い稽古場に急な階段。よくそんな所に嫌がりもせず生徒たちが通ってくるものだとあきれてしまいます。東二番丁小学校には商店街の子どもたちが大勢通っているので、口コミで「巴屋」や「すきや」など名店の御曹司たちも習いにきました。三歳と五歳の小さなお子さんたちを連れてくるすきやの奥さんは、いつも着物を着てきちんと六畳間に座ってレッスンが終わるのを待っているので、何とも申し訳なく冷や汗ものです。おさらい会には私も上級者の伴奏役として駆り出され、恥ずかしながら「公子先生」と呼ばれました。よく伴奏したのは

東北放送バス

とんちゃんこと戸田征男くん、しょんつぁんこと庄子良男くん、マーシャルこと佐々木勝くんなどです。小さい子どもたちはつまずいたりしてタイミングが難しいので、子どもたちをよく知っている姉が加減をみながら伴奏します。市の音楽コンクールでも評価され、毎年三、四人の生徒が入賞しました。

この頃には三越の楽器部がだめになってしまい、職を失った父は宣伝部に移っていました。三越店内の吊り下げ式の商品価格や各種案内などの表示を毛筆で書く仕事です。それを一人でこなし、時には賞状なども全部筆で書いていました。当時は三越で定期的にファッションショーが行われていたので、私はそのピアノも担当していました。だいたい「魅惑のワルツ」などお決まりの曲を流しますが、結婚式のファッションショーの時は「ハワイアン・ウェディング・ソング」などテーマに合わせて曲を選びました。

三越のファッションショーで

ごはん

久美子の日記より

家族が十人もいると食事の支度が大変です。天ぷらを揚げるにしたって狭い台所で十人分もの量なので、

「油の臭いで頭が痛くなる。」

と公子姉さんがよく言っていました。それでもお母さんは子どもの分も一人一人きちんと盛り付けます。「皆平等に」がお母さんの子育て方針でした。小さい頃から、自分が家庭を持ったら子どもたちは皆分け隔てなく育てたいと思っていたようです。おでんの時は一人何を何個ずつ食べられるかが紙に書いてあって、それを見ながら和気あいあいと鍋をつつきました。

お肉は高いので、献立は野菜と魚が中心です。肉といえばクジラ。生姜焼きもクジラ。これはこれでおいしいのですが、誰かの誕生日とかでごちそうの時は、やっぱり豚ロースの生姜焼きが定番でよくリクエストされました。牛肉はお母さんが苦手なので食卓に並ぶことはなく、すき焼きも豚でした。朝ごはんは経木に包まれた三角納豆がとてもおいしくて、皆で

取り分けてから最後にその丼にご飯を入れて食べるのは誰かと、いつも待ち構えていました。

私は好き嫌いが多くて、ヒヨコから育てた鶏がお肉になってからは、鶏肉も食べられなくなってしまいました。親子丼の時も親抜きで子だけにしてもらったら、

「おやおや。」

とお母さんに言われました。ほうれん草も嫌いです。お母さんが買い物から帰ってきて、

「あんたの好きなほうれん草を買ってきたよ。」

と言うので、仕方なしに、

「好きだよ。」

と言って食べたら、

「これからいつでもしてあげるからね。」

と言われてガッカリしてしまいました。

公子姉さんは仕事でいないことが多いので、代わりに千重子姉さんが一番よく台所のお手伝いをします。洗濯は皆が学校に行っている間にお母さんが一人でしますが、これも家族十人分、毎日たらいに洗濯板でごしごしと手洗いなので、かなり大変な仕事です。ところが二月二十二日、学校から帰ってくると、いつもは洗濯をしているはずのお母さんが他の仕事をしていました。どうしたのか聞いてみると、お母さんは何かニコニコして、

「物置を見てみなさい。」

と言います。物置をのぞいてみると、電気洗濯機が置いてありました。二本のローラーがついていて、洗い終わった洗濯物をその間に挟んでハンドルを手で回すとぺったんこになって出てきます。これでお母さんの仕事が少し楽になりました。

学校がすぐ隣なので、いろいろと便利です。行事がある日に雨が降ったら、朝支度をする前に学校に行って中止かどうか掲示板をチェックすることもできるし、学校のアナウンスは家まで聞こえてきます。それなのに遅刻も忘れ物も多いのでよく反省します。しょっちゅう寝坊して元子姉さんに孫の手でボンボンたたかれ、それでやっと起きます。布団をたたんで押入れに入れないと朝ごはんを食卓に並べることができないので、家族皆に迷惑をかけることになるのです。校門から入ると遠回りになるので、遅れた時は裏に回り、木の柵の向こうにランドセルをポンと上から投げ入れてから、柵の下をくぐって学校に行きます。忘れ物は四回も取りに帰った日がありました。まずは算数の時間にそろばんを忘れて戻り、次に社会の時間に地図を忘れて戻り、給食の箸を忘れて戻り、最後に体操の時間にその用意を忘れて戻り、戻るたびに怒られました。

学校から帰ってきたら、まず最初に勉強場所を確保します。二階はいつもヴァイオリンの生徒さんたちで混み合っているので、一階のトイレのそばのテーブルでよく宿題をしました。

誰かが風邪を引いたりして具合が悪い時は、三畳間の二段ベッドの奥に身を潜めて静かに寝ていなければなりません。上の段からカーテンが引いてあって後ろが見えないようになっていますが、カーテンの向こうではお稽古中なのでうるさいし、どこか痛くてもうめき声一つ出せず、なかなか寝られるものではありませんでした。病人が何人もいる時は、押入れに寝ることもありました。

生徒さんたちが皆帰ってから、最後に私のレッスンが始まり、その間に隣の部屋に夕食が運ばれてきます。階段が急なので、台所から二階まで皆が並んで料理を手渡すバケツリレー方式でした。夕食の準備ができても、曲が弾けないと悔しくてごはんどころではありません。そのうち教える方もあきれて、隣で夕食が始まってしまいます。

「もうやめていいから。こっちに来てごはん食べなさい。」

と皆に言われながらも曲が完成するまで必死になって弾き続け、泣き出すこともしょっちゅうでした。

私は七人兄弟の六番目なので人一倍負けず嫌いで、勝負事となればなおさら一番を取りたいと頑張ってしまいます。青筋が立って「青筋っ子」と呼ばれたくらいです。四年生になって試験の後に十位までの名前を黒板に書かれるようになってからは、ずっと女子で一番を守り抜いてきました。そのためには床に入ってからも夜中の一時、二時まで勉強しないとだめで、もう寝なさいとうるさく言われました。

夕食の後はすぐに片付けないで、家族団らんを楽しみます。夏休みはどこに行こうか、誕生日のプレゼントは何にしようかなど、いろんな相談もしました。トイレの一角に自分が欲しいものを書いて入れておく小箱があって、それを元子姉さんがまとめ、プレゼントをもらう人には抜けてもらって何を買うか、誰から何をやるかを細かく決めていきます。夏休みにはぎゅうぎゅう詰めの仙石線に乗って松島に行ったり、野蒜《のびる》や馬放島《まはなしじま》に海水浴に行ったりしました。

馬放島には塩釜から船が出ていて、干潮の時は地蔵島《じぞうじま》の灯台の方まで水が引いて、貝や海藻

第二回おさらい会で家族写真

がたくさん採れました。

長町の花火大会は八月十八日と十九日のはずが、今年は強風で十九日と二十日に延期になりました。当日、長町行きの電車はすべて満員でしたが、南松竹のところはそんなに人が来ないので、そこで花火を見ることにしました。でも上の方に上がった花火しか見えません。そこへ弟が花火を持ってきたのでやり始めたら、どっちの花火を見たらいいのかわからなくなってしまいました。二日目は夕飯を早く食べて、皆で土樋《つちとい》の親戚の家に行きました。そこからは花火がきれいに見えるのです。仕掛け花火が見たくて河原の方へ行ってみたら、混んでいなかったのでござを敷いてゆっくりと見ることができました。川に花火の音が響いて、とてもきれいでした。

五年生になってから、またときどき蕁麻疹《じんましん》が出るようになりました。何もあたるようなものを食べていないのに出るのです。一年生の時にも出たのですが、市立病院で太い注射を一本打ってもらい、それで治ったと思っていました。皆がほうれん草を食べないからだと言うので、これからは何でも食べて栄養を摂らなければと思いました。蕁麻疹が出た時にヴァイオリンを弾くと、ヴァイオリンの方に夢中になってかゆみも忘れてしまいます。宿題が終わってから今度は足が痛くなったので、お父さんにもんでもらって、その後にヴァイオリンを弾いたら治りました。音楽とはありがたいものです。

百人一首

照朗の回想より

クリスマスやお正月には、よく家でかるた会が行われました。久美ちゃんは折り紙付きの負けず嫌いなので、お正月に皆で楽しく始まった百人一首も、残念ながら久美ちゃんが負けてしまうと眉間に青筋立てて悔し泣き。ひゃっくりしながらもう一勝負。気分を変えてトランプを始めると、また同じ結果です。久美ちゃんは何をやってもトコトンやります。ヴァイオリンも、勉強もそうでした。僕にとって、「ガリ勉」とは久美ちゃんを意味する言葉でした。

百人一首の歌もありました。父が作ったと思われますが、「おててつないで」で始まる「靴が鳴る」の替え歌です。百人一首は読み上げられた上の句の最初の一文字に、いかに早く反応するかで勝負が決まってしまいます。それを覚えるための練習曲で、うまくできていました。

「あ」じゅろく（十六）

「な」はち（八）

「わ」「お」しち（七）

「た」「こ」ろく（六）

「み」ごまい（五）

「や」「よ」「は」「か」し（四）

「い」「き」「ひ」「ち」さんまい（三）

「う」「し」「つ」「も」「ゆ」がにまいで（二）

あといちまい（一）「む」「す」「め」「ふ」「さ」「ほ」「せ」これでおわり（四分休符）

つまり一枚しかない句が読み上げられたら、確信を持って手を出せるというわけです。ちなみに僕の十八番《おはこ》は「これやこの〜」で、千重子ちゃんはイカが好きだったから「いかに久しき」、義ちゃんは「村雨の〜」、公ちゃんは「乙女の姿」でした。皆それぞれ十八番の札は取られたくなくて、膝元に並べていました。

クリスマスや正月に限らず、寒かったり雨が降ったりして外で遊べない時などに我が家で頻繁に行われたのは「インテリゲーム」です。まず、それぞれ紙と鉛筆を持ちます。次になぜかおもむろに『リーダーズ・ダイジェスト』(1)が用意され、無作為にページが開かれます。そのページから数文字の文章を一つピックアップし、例えば「す　て　き　な　お　んが　く」というように、紙の上部に横書きで一文字ずつ仮名に直して書き出していきます。

最後に皆で相談して「作曲家」「画家」「映画俳優」「小説家」「国名」などのお題となる項目を決め、今度は左側に表のように書いていきます。後はよーいどんでピックアップした文章の仮名を頭文字にしてお題に沿った語句を考え、制限時間内に何個書けたかを競って発表します。僕も背伸びして混ざったものの、

「そんなのないよ。」

と笑われて敢えなく退散。でも笑わせた満足感を味わい、皆よく知っているなと感心しながら見ていました。項目をいろいろ変えることで幅広く楽しめるので、「恐竜」とか「昆虫」なら僕でもちゃんと参戦できました。とにかく家族でよく遊び、皆もおもしろがって教えてくるので、その遊びの中でたくさんのことが身につきました。小学校で休み時間に友達と「インテリゲーム」をやろうとしたら、

「なんだそれ！」

と言われて相手にされず、子ども心に自分の家は他の家庭とはかなり違うのだなと認識させられました。

この頃の遊びには結構戦争が絡んでいて、パッタ(2)とかスケッチにも軍艦や零戦、B29、スピットファイアーなどの絵が描いてありました。それからよく東二番丁小学校の校庭で「水雷ぼっかん」をやりました。二組に分かれて組ごとに元帥や大将などの役を決め、追

いかけて触ると捕まえたことになります。捕まえたらそれぞれの基地に連れていき、救出もできました。基地にはジャングルジムを使い、その敵の基地には東側に放置してあったコンクリートミキサーの動かないのがいかにも基地っぽかったのでそれを使いました。敵と味方は最初に決めて覚えるだけなので、追っかけて行ったら記憶違いで捕まってしまったりして、それがまたおもしろいのです。ルールなんてあってないようなもので、メンバーの中で強い奴が勝手に変えることもしょっちゅうで、皆小さい時から不条理と闘う訓練をしていたようなものでした。

家に電話がついたのは小学校六年生の時です。それまでは下の開化庵にかかってきたり、隣のかご屋さんにかかってきたりしていました。家の冷蔵庫は木製で、氷を上段に入れて使うタイプでした。うっかりすると下の水受け皿から解けた氷の水があふれて水浸しになります。柳町の大日如来から南に向かう道路の右側にある「金森製氷」があせた水色の二トントラックで氷を売りに来ました。少しさびた荷台に大きな氷の塊をいくつも載せて軍隊のテントのようなシートで覆い、家の向かいの喫茶店ロビンスの前の道路に止まります。運転席から目が細くて鼻の下に小さな富士山のようなヒゲを生やしたおじさんが降りてきて、荷台の氷を鈎《かぎ》バサミで横倒しにすると、サメの口を思わせる大きな歯を付けたでっかいノコギリで一貫目ずつ切り分けます。角から斜めに切り込んで三角ができたらノコギリをひっくり返し、背の方を差し込んで「コン」と突くと見事にまっすぐ割れます。その瞬間がおもしろく、氷屋さんになろうかなと思うほどでした。その間に家の氷がなくなると、自転車で氷屋まで買いに行きます。初めての時は勇んで行ったものの、氷を自転車の前かごに入れて乗ったらその重みでハンドルを取られ、転びそうになり大変でした。

（1）他の雑誌の記事の要約、本の抜粋、オリジナルの記事などを載せたアメリカの月刊雑誌。
（2）めんこ。

お祭り

久美子の日記より

公子姉さんと一緒にＩＲのスタジオへヴァイオリンとピアノを合わせに行きました。東北放送はコールサインがＪＯＩＲなのでＩＲといいます。スタジオが空いているかどうかのぞいてみたら、録音中でした。終わるまでスタジオの外で待っていましたが、中の音はちっとも聞こえません。録音が終わったので中に入って練習していたら、スタジオ見学の人たちがやって来ました。見学が終わるまで待って、また練習を始めたら、今度はアナウンサーが来て、

「聴かせてちょうだい。」

と言うので、一回だけ聴かせてあげました。二月だというのに、スタジオの中の温度は二十一度でした。

翌月、家で新しいラジオを買いました。このラジオは東京や大阪の放送も聴けるし、レコードもかけられます。それで前からとても聴きたかったレコードをかけてみました。それは「序奏とロンドカプリチオーソ」と「ツィゴイネルワイゼン」です。「タイスの瞑想曲」

も好きなので、後から探し出してきて聴きました。

ラジオが二台になったので、日曜日の『立体音楽堂』もステレオで聴けるようになりました。一階の台所のラジオと二階の新しいラジオを左と右に並べて、左のラジオは第一放送、右のラジオは第二放送に合わせます。そしてその真ん中で聴くと、流れてきた音楽がまるで公会堂の生演奏と同じように聴こえるのです。

学校で何だか騒がしいと思っていたら飛行機が来て、ビラをまいていきました。みんなで走って行って拾ってみたら、テレビの宣伝でした。考えてみると、最近テレビを持っている家が増えています。お隣の本郷さんの家でもテレビを買ってアンテナをつけました。ときどき見せてもらいに行きますが、うちは狭くて置く場所がありません。もし引っ越したら待合室にテレビを置いて、ヴァイオリンの生徒さんたちが待っている間に見られるようにしたらいいなと思いました。

相撲が始まると、よく幕内の取組の時間に合わせて銭湯に行って、脱衣場のテレビで相撲を見ました。入浴料は子どもが五円ですが、髪を洗う時はさらに一人十円取られます。洗髪料を払わないで髪を洗うと、出る時に髪がぬれているので、すぐ番台さんにバレてしまいます。番台さんが交代する時間を狙って行って洗髪料を払わないで入り、番台さんが代わったのを確かめてから髪を洗って出て、十円をごまかしたなんてこともありました。浴室では元子姉さんのあかすりが私の役目でした。帰り道の路地には必ずピンコ（1）がいて、これが一番嫌でした。いつどこからピョーンと飛んで現れるかわからないのです。なるべく先頭は歩かないようにして、いつもビクビクしながら小走りに帰りました。

三月十六日は送別会の後に、ＮＨＫのラジオ番組『声くらべ腕くらべ子供音楽会』の予選会がありました。子どもが歌ったり楽器を演奏したりする生放送の番組で、合格すると「キンコンカンコン」と鐘が鳴ります。森田先生に連れられて会場に行き、東二番丁小学校からたくさんの人が一次予選を通りましたが、二次予選を通ったのは私を入れて六人だけでした。ピアノを弾いた人もいましたが、ヴァイオリンを弾いたのは私一人だけです。予選会から帰る時、うっかりして市電の中にヴァイオリンを置き忘れてしまいました。でも先生がすぐに電話をかけてくれたので、後でちゃんと戻ってきました。次の日の本番には二十二人出てバッジをもらいました。朝は停電でラジオは聴けないなと思いましたが、十時頃に電気がついたので皆聴くことができました。あまり上出来ではありませんでしたが、東二番丁小学校からは私を入れて三人が合格しました。

うちの近所はお祭りが多く、今年は五月に日専連全国大会の「せんもん祭り」もありました。全国あちこちのお国自慢が見られるお祭りです。九日木曜日から花電車が出て、金曜日には県庁広場でねぶたをやるというので、ごはんを食べてすぐ見に行きました。夜空に浮かび上がった五つのねぶたはとにかくすばらしく、ときどき倒れましたが灯は消えませんでした。土曜日はパレードがあるので、まだ早い時間からたくさんの人たちがござや腰かけなどを持ってきて座っていました。パレードが始まるとボーイスカウトが来て、皆をきちんと座らせたり交通整理をしたりしていました。夜は西公園前で花火があったので、皆で見に行きました。

おさらい会も石森家にとっては年に一度の大イベントです。今年は六月九日で、会場は去年と同じく東二番丁小学校の体育館です。亘理から幹朗兄さんの生徒さんたちも来るので、全部で五十人以上の生徒が参加します。前の日に学校が終わってから雨の中をお使いに行き、生徒に配る色とりどりのお菓子を買ってきました。それを六畳間いっぱいに広げてお祭り気分で袋に詰め、それが終わってから当日挨拶する人や連絡係などの役割を決めました。それからお父さんがガリ版(2)でプログラムを作り、私はその間にヴァイオリンの練習をしました。

おさらい会は五歳の生徒の開会の言葉で始まり、とてもかわいいと大評判でした。日曜日なのに途中から学校の先生方も来て、皆うまいと褒められました。最後に管弦楽合奏でモーツァルトのドイツ舞曲第五番と第六番を演奏しましたが、皆がそろうのはおさらい会の時だけなので、午前中に一回リハーサルしただけのほとんどぶっつけ本番でした。でも幹朗兄さんと義茂兄さんのトランペットも入ってとてもうまくできました。アンコールでもう一回演奏した時は弾いている方もだんだん調子がよくなって、とても気持ちよかったです。

　七月に入ると、もう暑くて待っている生徒さんたちも汗を流して大変なので、この間買っておいた扇風機をそばにつけてあげました。水色の扇風機なので、見ているだけでも涼しくなります。七月には大日さん(3)のお祭りもありますが、この辺では何といっても二十七日と二十八日のお不動さん(4)のお祭りが一番だと思います。夜には提灯が灯ってきれいな行列やおみこしが通り、ついでに四月にできたばかりの日乃出会館に行って、八階まで上がってみました。夜なのでネオンがとてもきれいです。屋上にはローラースケート場もあり、夜十一時半までやっているそうです。地下の日乃出ニュース劇場に

もよくお母さんに連れていってもらいました。最初に『トムとジェリー』などの漫画を観て、その後にニュースが上映されて終わってしまう短いものでした。

八月はもちろん七夕祭りで賑わいます。初日は家にヴァイオリンを習いにきている赤間さんのお母さんに、朴沢学園で同窓会があるので余興に赤間さんと一緒にヴァイオリンを弾いてくださいと頼まれて行ってきました。他にもおもしろい余興がいろいろあって、私たちの演奏もうまくいきました。お礼を言われてお土産をもらい、帰ってきてからその袋を開けたら封筒の中に二百五十円が入っていました。こういうことは初めてだったので、とても勉強になりました。その日、公子姉さんがお隣で飼っているスピッツにかまれて、まぶたに深い穴を二つ作ってしまいました。最初に行った医者がちゃんと診てくれなかったので、次の日松本医者に行ったら、

「一週間や二週間そこらでは治りません。」

と言われたそうです。仕事で舞台に立たなければならないので、仕方なく眼帯をして出かけていきました。七夕の最終日にまだ見ていない所を見に行ったら、見終わった頃にパラパラと少し雨が降ってきました。もうおしまいなので早めに片付けが始まり、外人さんたちがサイコロや花のついたくす玉などをもらっていました。

お父さんとお母さんは八月一日が銀婚式だったので、九日に夜行列車で北海道へ銀婚旅行

に出かけました。お母さんたちがいない間、毎朝早く起きてお姉さんのお手伝いをして働きました。弟も一人で布団をたたんで協力したので褒められました。お母さんの仕事を自分でやってみると、どれだけ大変なのかがわかります。十四日にお母さんたちが帰ってきたので、私の仕事もずっと楽になりました。お母さんはほとんど全部の仕事を自分でするし、用はお姉さんに頼むので、私は勉強の方に馬力をかけられます。

九月末には丸光の増築工事がだいたい終わりました。十二階建てなんて言っていましたが、私には八階建ての日乃出会館とほとんど同じくらいに見えます。エスカレーターは五階までで、そのうち三階までは二人分の幅があって藤崎のエスカレーターの二倍です。食堂も広くて、階段のところにきれいな網が張ってあって、落ちてもケガをしないようになっています。十二階まで上がっていったら目が回りそうでした。屋上には新しく遊園地もできました。

（1）カマドウマ。
（2）謄写版というヤスリ版と鉄筆を使った簡易印刷機の俗称。
（3）柳町大日堂。
（4）三瀧山不動院。

キャバレー

幹朗の回想より

昭和三十二年三月、東北大学工学部にストレートで合格しました。本当は芸大に行って本格的に音楽を勉強したいと思うようになっていました。でもお袋に、

「これからは建築で稼げるから。」

と言われ、結局お袋の意向に従いました。

入学してすぐ、大学のオーケストラに入りました。正式には東北大学交響楽団といい、毎年六月と十一月に行われる定期演奏会が活動の中心です。最初からトップの隣で弾くことができ、六月二十九日に仙台市公会堂で開催された初めての定期演奏会ではシューベルトの「未完成」、ベートーベンの「交響曲第七番」、ビゼーの「カルメン」の三曲を演奏し、初舞台ということもあって家族も皆で見に来てくれました。そして間もなく、第一ヴァイオリンを担当するようになりました。

二年生の時、オーケストラの手伝いに来ていた大先輩の菅原慧淳《けいじゅん》さんに、アルバイトを頼まれました。菅原さんは親父の知り合いでもあり、市内で一流のキャバレー「ソシュウ」で

演奏していました。

「欠員ができたから、ちょっとだけでもいいから代わりに入ってくれ。」

と言われ、アルバイトとしてタンゴバンドの一員になりました。

タンゴと出合ったのは高校生の時です。姉がダンスホール「スターダスト」のフルバンドでピアノを弾いていて、そこのタンゴバンドのヴァイオリン奏者が兄弟子の寺島弘さんだった縁もあり、寺島さんのトラ（1）で一週間ばかり演奏することになったのです。クラシックとはまったく異なる奏法で、最初はかなりまごつきました。

アルゼンチン・タンゴのヴァイオリンは独特の奏法で、何か貧乏くさい感じがして好きになれませんでしたが、寺島さんはとても上手でした。ドイツのヴァイオリン奏者、バルナバス・フォン・

第4回おさらい会で演奏する幹朗

ゲッツィが奏でる「碧空」などは、クラシックと同じなので好きでした。アルゼンチンの一流ヴァイオリニストは、クラシックとタンゴを上手に弾き分けているといいます。

二年生まではまじめに大学に通いましたが、工学部が性に合わず、三年生の後半くらいからだんだん行かなくなってしまいました。ドイツのヴァイオリン奏者、ヘルムート・ツァハリアスの音楽に強い影響を受けて、キャバレーでのアルバイトの方が楽しくなってしまったのです。それにお金もたくさんもらえました。キャバレーの仕事が忙しくなるにつれて、それまでずっと続けてきた亘理とウルスラ幼稚園のヴァイオリン教室もだんだん両立が難しくなってきました。そこで、まずはウルスラの教室を元子姉に引き継いでもらうことにしました。亘理の方はもう一年続けたのですが、結局こちらも姉に引き受けてもらいました。

お袋に言われたとおり建築科に進みましたが、実習で高い所に連れていかれ、その時初めて自分が高所恐怖症であることに気づきました。

「建築家になったら現場でもっと高い所に連れていかれるぞ。」

と言われ、これはだめだと思いました。四年生の時、卒業直前になっても必要な単位が取れず、ついに中退を決断しました。教授には、

「六人に一人しか入学できなかったのに、他の五人に申し訳ないと思わないか。」

と怒られ、お袋を泣かせました。

その後、山形の「ソシュウ」に呼ばれて家を出ました。やはりタンゴバンドでヴァイオリンを弾いていましたが、ある晩、演奏が終わってからホステスにボックスに来てくれと声をかけられました。行ってみると、そこには東北大学の同級生がいました。卒業して社会人になり、山形の会社の接待で偶然客として来たと言うのです。しばらくボックスに座って彼と昔話をしましたが、その時呼びに来たホステスがよし子でした。これがきっかけで彼女と結婚して二十四歳で仙台に戻り、二日町の「ソシュウ」へ移って間もなく、長男の靖朗が生まれました。

（1）エキストラ。欠員の代わり。

東北大学

義茂の回想より

高校三年生になって大学受験を考え始めた頃には、学校の先生になりたいと思っていました。中学生の時からアルバイトで近所の子どもたちの家庭教師をしていたのがきっかけです。さらに高校に入ってから中学のブラスバンド顧問の八島先生に頼まれ、アルバイトで五橋中の生徒に音楽理論を教える機会がありました。福島から転校してきた生徒で、音楽の点数だけがどうしても赤点しかとれなくて、本人、家族とも途方に暮れているとのこと。会ってみれば本当に頭の良い子なのです。長音、半音などの音符の成り立ちやいろいろな記号の意味などを基礎から丁寧に教えたところ、週一回で一ヶ月たった頃にはめきめきとわかって集中し、次のテストでは八十数点とれて皆がビックリ。楽器も使わず、歌も最小限で、言ってみれば数学的な方面からの理解で、自信がついたところで家庭教師は数ヶ月で終わりとなりました。楽譜が読めるようになったわけでもなく、音楽が好きになったというわけでもありません。ただ音楽が怖くなくなった、嫌いでなくなったという成果でしたが、これで教師という仕事への自信、おもしろさが深まり、これはライフワークかなと思いました。

レコード屋に生まれてクラシック音楽を聴いて育ち、やはり音楽が大好きでよくラジオを聴いていました。小さい頃はまだ民間放送がなく、ラジオはＮＨＫの第一、第二放送に次いで進駐軍放送を第三放送といって、この三つのチャンネルしかありませんでしたが、第三放送はジャズだけでなくクラシックもよく流していたのでいつも聴いていました。中学に入った頃から、外記丁《げきちょう》教会でやっていたクラシックのレコードコンサートに毎週通うようになりました。主催者の及川淳《じゅん》さんが曲の解説をしてくれるのです。及川さんは学生の頃から名楽堂に通っていたそうで、もともとそこで親父にクラシック音楽のことをいろいろと教わったのだそうです。

その頃、家では元子姉がラジオ講座でフランス語とドイツ語を勉強していました。フランス語はシャンソンを歌うために始めたので、ジルベール・ベコー、エディット・ピアフ、ジュリエット・グレコ、シャルル・アズナブールなどの曲をよくフランス語で歌っていました。ドイツ語も同様、ドイツ・リートを歌いたかったからで、お袋も好きなシューベルトの「冬の旅」の「菩提樹」や「辻音楽師」などもときどき家で歌っていました。ポケットサイズの楽譜もあって、「あふるる涙」を「洪水」と和訳するなど変な直訳だったところもありましたが、原語のドイツ語はしっかり書いてありました。

中学に入った時には兄貴が三年生でブラスバンドの部長をやっていたので、当たり前のようにブラスバンドに入り、同じようにトランペットを吹き始め、三年生になると部長を引き継ぎました。一高に合格して入った時も同じで、やはり兄貴がブラスバンドの部長をやっていたので同じ道を進んでトランペットを吹き、三年生で部長になりました。毎年家族総出で行われるヴァイオリン教室のおさらい会にも、管弦楽合奏のトランペットや「おもちゃの交響曲」の小太鼓役などで駆り出されました。三越屋上の小鳥屋さんの店主が鈴木さんというクラリネット奏者で、クラリネットを教えているがスネアドラムもたたくと兄貴から聞いていました。ブラスバンドの一年下の後輩がスネアドラムを習いたいというので兄貴にあっせんしてもらい、後輩に付き添って鈴木さんのところに行ったことがあります。小鳥屋さんはその後三越から東

二番丁に移転しました。

学校の先生になりたかったにも関わらず、お袋に銀行員になるよう勧められ、結局東北大学の経済学部を受験しました。そして落ちました。一高内に予備校があり、一高が茶畑にあったため「茶畑短大」と呼ばれていましたが、そこに通うようになりました。

浪人中でも、兄貴に大学のオーケストラの人数が足りないから来いと言われては、トランペットを持って演奏会の応援に駆けつけました。受験勉強しながら図書館でいろいろな本を読んでいましたが、その時たまたま目にしたのがフロイトの本でした。すっかり気に入ってしまい、そうこうしているうちに経済には興味がなくなって、今度は東北大学の文学部を受けて合格しました。

ところが入学した昭和三十五年は安保闘争の真っ只中。一月に岸内閣が調印した新日米安全保障条約反対の大きな横看板がキャンパス入り口の目立つところに広げられ、その脇のところで数人の学生がビラを配っていました。それは「〇〇時に××広場で大集会」とか書いてあるアジビラ(1)です。それが中核派や民青派などそれぞれのセクトから競うように配られるのが、ほぼ毎日の出来事になっていました。

学内では授業放棄、バリ封(2)といった強硬行動もあり、国会で改定承認をめぐる審議が進むにつれて連日の街頭デモで、勉強どころではありません。デモでは警察官が私服で主導者たちをカメラで撮影しようとするので、それを妨害したり、デモの中にかくまったりもしました。とにかくよく議論し合い、動き回りましたが、国会で安保改定が批准されてしまうと、やっと次第に本来の授業がスタートしていきました。

大学一年の夏休みには、一人で東京への自転車旅行を決行しました。お袋が、

「自分を試したかったんだと思うよ。」

と誰かに話しているのを耳にしたことがありますが、確かにそれが理由の一つです。それからもう一つ、ブラスバンドの一年後輩を応援しに行くという口実がありました。彼は一高卒業後に単独で上京して三畳一間を借り、自分のやりたいことを見つけるまでガリ版の筆耕の仕事で暮らしていました。往路は常磐道で五日間、東京では後輩の家に二泊、そして帰路は国道四号線で四日間。もちろんギアもないまるっきりの普通自転車で、持ち物は筆記用具とわずかばかりのお金だけです。当然どしゃ降り、カミナリにも遭遇しますが、雨合羽もなし。腹が減ればうどん、そばなどの外食をして、夜は暗くなってからの宿探しでお寺や学校、

自転車一人旅に出発！

役場などを訪ねました。お寺では五百円握らされて断られたりもしましたが、学校や役場の当直者はおもしろがって泊めてくれるので助かりました。

夏休みが終わると、学生のジャズコンボのトランペットがいなくなったから入ってやってみないかと兄貴から話があり、参加することになりました。他にクラリネット、ピアノ、ベース、ドラムがメンバーで、スタンダードナンバーを演奏します。アドリブや二コーラス程度のインプロビゼーションもやらされたりして四苦八苦しましたが、学内のダンスパーティーで三ステージ演奏すると、一人五千円程度の臨時収入が得られました。満足な演奏ではなかったものの、貧乏学生にとっては結構な収入です。クリスマスシーズンにときどきお声がかかりましたが、シーズンが過ぎたところでそのコンボは解散となりました。

その頃は斎藤報恩会博物館の中にアメリカ文化センターがありましたが、そこでジャズのレコードコンサートがあるということを知り、毎週通うようになりました。ジャズの始まりであるディキシー(3)から最新のヒット曲まで、ジャズのレコードをかけてその解説をしてくれます。いつも十人も集まりませんでしたが、牛乳瓶の底のようなメガネをかけた西村さんという人が頑張って仕切っていました。

そのうち酒を飲むようになり、ある日一年上の先輩たちに「いい店があるから」と連れられて入ったのが、家の向かいのおでん屋「みかさ」でした。おでんがうまいし、お通しの厚

揚げのフライパンの焼き物がまたうまし。ただ、そこの娘のかおるちゃんの勉強を見てあげたことがあったので、

「あらっ、よっちゃん先生！」

とやられてしまいました。それからもときどき先輩と飲みに来ましたが、同期生は気恥ずかしいことになるので連れてくる気にはなりませんでした。

（1）アジテーション（扇動）・ビラ。
（2）バリケード封鎖。
（3）ニューオーリンズで発祥したディキシーランド・ジャズの略称。

マツダ・クーペ

元子の手記より

昭和三十四年四月の美智子様のご成婚パレードを前に、我が家でもついにテレビを買いました。この頃から幹朗が何かと忙しくなってウルスラ幼稚園のヴァイオリン教室を続けられなくなり、私が引き継ぐことになりました。週に一回、教えに通わなければなりません。タクシー代が高いので、近くの停留所まで自転車で送ってもらって一人で市電に乗り、タクシー屋に近い停留所で降りて、そこからタクシーを使って往復しました。この出張稽古でまた少し足に力がつきました。でも立つ時は痛いので少しずつ体重をかけ、五分くらいかけてゆっくりと立たなければなりません。一年通った後にウルスラの生徒を自宅に統合し、生徒が電車で通ってくるようになりました。

すると今度はやはり幹朗が持っていた亘理のヴァイオリン教室を引き受けることになりました。こちらは仙台駅から四十分の汽車の旅ですが、片手杖で何とか立てるものの、十メートルと歩けない時です。まずは朝、弟に自転車で仙台駅まで連れていってもらい、ホームと階段は杖と弟にすがったりおぶってもらったりして汽車に乗せてもらいます。車中は一人旅。

着いた駅のホームには生徒の親が待っていてくれて、おんぶ、または駅員が手伝ってくれて、タクシーで稽古場へ行き、夕方同じようにして仙台へ帰ります。これが毎週日曜日、一年間続きました。でもあまりに人手を煩わすのが嫌で、いつも何とかしなければと思っていました。

そんな時、軽自動車のマツダ・クーペが町に現れました。

「これだ！」

と知り合いに頼んで乗ってみました。立てない痛い足にもアクセルは軽く、ブレーキは両足で踏めました。曲がった肘も変形した手もハンドルを握るのにちょうどよく、これさえあれば外出するたびに人手を煩わせることもありません。ちょうどその頃、ＮＨＫで『テレビ自動車学校』が始まりました。四月から受講して理論を覚え、ＮＨＫのラジオ番組『みんなの茶の間』に、

「身障者だが仕事を持って明るく生きている。今に自動車に乗るつもり。」

と投書して、放送されました。これを聴いた鳴門の米田尚史氏がＮＨＫ経由で手紙をくれて、それから米田氏との文通が始まりました。

九月には中古でノークラッチの水色のマツダ・クーペを買い、妹の友達に運転の仕方を教えてもらうことになりました。公子が川内キャンプの将校クラブでピアノを弾いていた時に

いつも一緒だった、トランペットの遠ちゃんこと遠藤さんです。菖蒲田浜の人気のない松林まで連れていってもらい、操作方法を教えてもらいながら実際に運転してみました。付き添いで来てくれた公子も、

「公ちゃんにも教えっから。」

と遠ちゃんに言われてハンドルを握ってみましたが、

「あ〜、公ちゃんはだめだ。」

とすぐに判定が出てギブアップ。その後にも何回か連れていってもらい、自信がついたところで自動車練習所へ四回行ってコースの練習をしました。

その間に法規問題集を使って勉強し、車を買ってから一ヶ月目に車を持ち込んで試験を受けに行きました。ところが、

「足の悪い人はだめだ。歩けないのに免状はやれない。」

と断られてしまいました。それでも諦めずに、

「足が悪いからこそ車が必要なんです。」

と頼み込んでやっと受けさせてもらい、一度で合格。昭和三十六年十一月に晴れて軽自動車のノークラッチ限定免許証を取得しました。車に乗るまではヨタヨタと人手にすがり、乗れば付き人を助手席に乗せて走るうれしさといったらありません。これで亘理の出張稽古に

も車で通えるようになりました。

　外出が車になってずっと行動範囲が広がり、運動量が増えて少しずつ体力がついていきました。それでも相変わらず立つと痛いので、車に乗るまでは杖と付き人に全体重をかけなければなりません。慣れぬことで少し疲れが出て医者に行くと、

「リウマチに特効薬が出たから。」

　と言われ、ステロイド剤のプレドニン半錠を一ヶ月間飲まされました。ところがその副作用で顔が膨らんでムーンフェイスになり、急性胃拡張でものすごい胃痛に七転八倒。結局半月ほど入院しました。三十五キロの体には薬の量が多すぎたらしいのです。それまではリウマチの薬らしい薬も飲まず、ときどき局所的に痛みが出たものの安定していた時期だったので、副作用の怖さが身にしみて病院不信になりました。

亘理

照朗の回想より

元子姉が亘理に稽古場を借りて、そこでヴァイオリンのレッスンをするようになりました。大家は郷家肉屋です。二人の娘さんたちがヴァイオリンを習っていたので、家賃も破格値だったのではと思います。母も姉の運転するクーペに乗って、一緒に亘理に行くようになりました。

稽古場はレッスンの日以外は空いています。南町通りの家はあまりに狭くて階段も急で危ないので、間もなく祖母が稽古場に引っ越して一人暮らしを始めました。でもしばらくすると秋保の叔母の長男が仙台高校に入学し、長町のいろは食堂の裏に家を借りたので、祖母も孫の世話を兼ねて長町の借家の方に引っ越しました。当時、仙台高校は柏木にあり、長町から市電で通うことができました。さらに長町から秋保まで秋保電鉄が走っていたので、秋保に行くのにも便利な場所でした。

僕は中学一年の夏休みに初めて亘理に泊まりに行きました。稽古場は郷家肉屋の横の路地を入った所にあり、平家でL字の二間に流し台とコンロもついていました。狭い割には押入れが広いので、仙台の家からあれこれ持ち込まれていました。稽古場の奥の方に松浦家があり、二軒の間に外風呂と外便所があって共用していました。松浦家の庭先を通り過ぎると用水堀があり、そこで釣り糸を垂れて夏休みに田舎に帰省した気分を味わいました。僕の釣りの目的は糸を垂れることで、釣果《ちょうか》は関係なく水面の浮きを眺め瞑想することです。つまり釣りをしたとは言い切れません。

松浦の奥さん、たけをさんはとても世話好きな人で、よくおかずを持ってきてくれたりお茶を飲みに来たりして交流がありました。松浦の旦那さん、薫さんにもかわいがってもらいました。僕一人だけを連れて新地の海辺の土地を案内してくれたこともあり、誰かに漏らさないと守れない秘密だったのか、家族に内緒で買った不動産なのだと、子どもの僕に自慢気に話してくれました。新地という地名を知ったのは、この時が初めてでした。

中学二年生の時、父の会社が仙都ビルヂングに変わりました。でも職場はそれまでと同じ三越宣伝部で、仕事も相変わらず筆でビラ書きです。宣伝部の仕事が仙都ビルヂングに委託になったのですが、僕にはまだ世の中の仕組みがよくわからなかった頃で、ビルヂングと書くのがおかしくて、映画館の仙都劇場と関係があるのかなと疑問に感じました。宣伝部では三浦さんという人が父と机を並べて仕事をしていました。三浦さんは店内の看板やポスターを描くいわゆるイラストレーターで、ヴァイオリン教室のおさらい会の舞台看板も内職でやっていました。

母は東二番丁小学校の社会学級活動の一環で宮城県婦人会館の書道教室に通い、書を芸術と捉えていました。一方、父は書道を習ったわけではなく、字を絵として捉えていました。明治の人は最初に手にする筆記具が筆です。御幼少の頃から筆と仲良くなっていれば何のことはなく、後は観察眼の鋭さが優劣を分けます。父は書家が嫌う二度書き、三度書きもまったく気にせず、言語道断の下写し書きも平気でやってのけました。図太いまでの自信が字の輪郭に揺るがない線をもたらしたのではないかと思います。よく仕事を持って帰ってきて家でも書いていたので、母はそんな父の姿を忸怩《じくじ》たる思いで横目で見ていました。

この頃は創価学会が盛んで、よく友達に勧誘されました。小さい頃から家族に連れられてよく映画を観に行き、『十戒《じっかい》』などの宗教映画が結構あったので、

「何なんだ、これは？」

と宗教に対しての疑問と興味を抱き、日曜学校に通っている奴と一緒に教会に行ってみたりもしました。アメリカの西部劇や戦争映画も多く、どれも善悪がはっきりしていました。『砂漠は生きている』を観たのは幼稚園の時で、その後に幼稚園で描いた大きなサボテンのてっぺんに山猫が乗っているシーンは、僕の財産として残っています。

石森家ならではの映画の楽しみ方があって、まずは映画館を出ると、さっきまで耳にして

いた映画音楽を姉達が口ずさみながら帰ります。そして家に着くとすぐに映画の感想発表会、続いてワンシーンの再現が始まります。『地上最大のショウ』の時は、サーカスを観ている親子が、

「おー、アイスクリーム！」

と言ってソフトクリームをペロリとなめるシーンで、僕もまねして皆で大笑いしました。本物のソフトクリームを目にしたのはずっと後になってからのことです。映画音楽は鑑賞中に覚えてしまうようで、ハモッたりしてしばらくの間姉達の口から消えることがありませんでした。

ディズニーの『ファンタジア』を観た時は、どの曲にも一音違わずピッタリの動画が作られていて、

「これとは逆に絵を観て曲を作ったらおもしろいだろうな〜。」

と子ども心に感じました。家に帰ってからその話をすると、兄姉にロシアの作曲家ムソルグスキーが作った「展覧会の絵」という曲があることを教わりました。親友だった画家ハルトマンの遺作展を歩きながら観た十枚の絵を組曲にしたもので、僕もその「展覧会の絵」の曲を聴きながらいろんな絵画を想像しました。

春先になると毎年ニュースで集団就職の様子が紹介されました。中学卒業と同時に田舎か

ら東京へ自分の意思ではなく、家庭の事情で働きに出るのです。このニュースは僕に大きく影響を与えました。

「自分がこの家に存在しているのはなぜだろう？」

「彼らのように青森の農家に生まれていたら？　いや、アフリカの飢餓地帯に生まれていたっておかしくない。」

そんなことを中学に入った頃から考えるようになりました。

僕は戦争が終わってから生まれ、自我に目覚めた時には戦後の混乱も落ち着き、家庭も兄姉のおかげで安定して、のほほんと幸せに育っていました。兄姉に、

「あんたはいいよね。」

と言われ、やがて家族の愛情と努力の上に自分が存在していることに気づき、一番下で不自由なく楽しく育ってしまったことに軽い罪の意識を抱くようになりました。だから何か自分が役に立てることはないかといつも考えていました。

中学三年生になって進路相談が始まった頃には、中学を卒業したら高校には流されずにすぐ働いて、集団就職の彼らと同じ土俵に立ちたいと思っていました。自分が自分として歩み始めるには、家族への貢献が絶対条件です。最悪の所に行って苦労を味わい、早く家に仕送りして、早く兄姉に追いつこうと思いました。ところが家族一同猛反対で、

「高校だけは出なさい！」

と止められ、敢えなく高校進学となりました。

兄たちが皆一高に進学したので、てっきり高校も学区制だと思っていましたが、一年前にできた三高も危ないと言われ、仙台高校に通うことになりました。当時は仙台高校までが坊主頭にならなくていい学校でした。

成増

千重子の回想より

母の母校でもある三島学園を卒業して、三越の子会社、株式会社二幸に就職しました。二幸は食品の製造や食堂の運営を手掛ける会社で、まずは三越のハム売場を担当しました。

間もなくすし屋の息子、マーちゃんこと満保真行と知り合い、お付き合いを始めました。

仙台市公会堂の向かいの「満寿司」というお店でお父さんと一緒にすしを握っていましたが、一年もすると結婚を考えるようになりました。家に結婚を申し込みに来たのは私がまだ十九歳の時です。

「あんたたちはまだ若いんだから、公ちゃんもまだなんだから、待ってなさい。」

と許してもらえず、納得しきれませんでした。

そのうち、マーちゃんが店のことでお父さんとケンカしてしまいました。

「俺はもう大阪に行くから。どうする？」

と突然言われてしまい、困ってしまいました。青葉会というすし職人をいろんな所に派遣する事務所があったのですが、そこの事務員さんに大阪で修行するための書類を書いてもらったそうなのです。彼は将来のためにお金も貯めていました。

「別れるんなら別れてもいい。通帳あげるよ。」

とまで言われ、この人ならしっかりしているからついて行っても大丈夫だと思いました。

昭和三十七年十一月、両親に黙って家を出ました。丸光デパートで着る物を買い、まずは福島の旅館に一泊しました。母が心配して、その日の夜に捜索願を出したと後から聞きました。二幸は無断欠勤です。高校生の時から三越の食堂でアルバイトをしていたので、食堂の人たちもよく知っているし、三越で働いていた父は職場の人たちからいろんなことを言われたに違いありません。

大阪に着いて、さっそく紹介してもらったすし屋に行きましたが、

「東北の人はなかなか、大阪では大変だよ。」

と言われ、その話を聞いたマーちゃんは、

「あー、そうですか。」

と一日も勤めず、さっさと辞めてしまいました。

そのまま東北に戻り、仙台は通過して一ノ関まで行きました。一ノ関のすし屋に就職して三日働いた後、

「奥さんも一緒に働きなさい。」

と言われ、私も行って一日だけ働きました。その日の夜、先に帰されて家で待っていると、マーちゃんが夜中に帰ってきて早々、

「もう出る。ここはだめだ。よそに行く。」

と言うのです。それから急いで荷物を全部たたみ、近くの旅館に泊まりました。

次の日の朝、

「さあ、んじゃ、どこ行くべ。」

「東京に叔父さんいるから、そこに行くべ。」

となり、また仙台を通過して東京に行きました。東京に着いてホテルに一泊した後、赤塚の叔父さんの家に相談に行き、結局その近くで仕事を探すことにしました。そして成増に四畳半五千円のアパートを見つけ、マーちゃんは成増駅前のすし屋で、私はローマン商会という金属会社の事務員として働き始めました。

ところがマーちゃんはまたケンカしてきて店を辞めてしまいました。それから大国建設という建設会社に就職し、つるはしを持って上野駅やらどこやらの工事現場に通い始めました。でもやはり性に合わず、折よく専務のお抱え運転手をやってくれと頼まれ、しばらくの間運転手として働いていました。すると今度は、

「タクシーの運転手をやってみる。」

と言って二種免許を取り、山手交通で働き始めました。でも運悪く事故を起こしてしまい、半年間の免停。その後、目黒の熱処理工場の寮に入って板金工として働き、土日だけアパートに帰ってくるようになりました。

私は相変わらずローマン商会で働き、平日はアパートで一人暮らしの生活でした。そんな時、泥棒に入られてしまいました。帰ったら部屋中荒らされていて、長靴の足跡だらけです。まるで漫画に出てくるようなシーンで、銀銅のメダルや指輪を盗まれました。たまたま給料をもらった次の日で、テレビの上にそのまま給料が置いてあったのですが、テレビの上にレースをかけてその下に入れておいたので、その給料は泥棒に見つからず無事でした。

成人式を迎えた時にも仙台には帰らず、母から成人手帳などを送ってもらいました。でも姉の結婚式で三月に帰仙し、その後ようやく両家の親に認めてもらって十一月に結婚式を挙げることが決まりました。ちょうど東京オリンピックの年で、開会式の日にブルーインパルスが空に五輪を描いたのが忘れられません。

しばらくしてお義父さんが癌を患い、仙台に帰ってこないかと言われました。その頃はまだ、自分たちで頑張って成増の近くに店を出したいという夢を持っていました。結局仙台には帰らず、「満寿司」は別な職人さんが後を継ぎました。

昭和四十一年にお義父さんが亡くなり、ついに二人で仙台に帰る決心をしました。ちょうどできたばかりの七十七銀行荒巻支店から三百万円を借りて土地を買い、荒巻に「太助寿司」を開店しました。

テレビ放送

公子の手記より

昭和三十八年、東北放送が八木山に新しく大きな社屋を建て、本格的にテレビ放送を開始しました。私たち社員は今までどおり東二番丁の会社に通勤し、そこから定期的に車が八木山のスタジオまで連れていってくれました。

ラジオで評判の『朝の童謡』もテレビ化され、今度は夕方子どもたちが学校から帰ってくる頃を狙って、子どもたちがテレビに映って歌を歌える『みんなで歌おう』という番組に生まれ変わりました。テーマ曲も自分で作るように言われ、与えられた時間内に収まるように考えて曲を作りました。番組の中では「ピアノのお姉さん」と呼ばれ、インタビューされたり、セリフはなかったものの寸劇に駆り出されたり、楽しい経験をしました。

同じ年にフランスのシャンソン歌手、ジルベール・ベコーが初来日し、福島でもコンサートをするという話を姉が聞きつけ、久美子と私と三人分のチケットを手に入れてくれました。ベコーはもともとピアニストで、ジャック・ピルスという歌手のピアノ伴奏をしているうちに歌手として認められ、次々とヒット曲を出しました。俳優としても活躍し、中でもベコー主演のコメディー映画『遥かなる国からきた男』は歌とピアノのシーンが盛りだくさんで、それが楽しくて大好きで、何回も何回も観に行きました。

姉はいつの間にか、コンサートで司会を担当することになっていたシャンソン評論家の蘆原英了《あしはらえいりょう》さんに手紙を出し、蘆原さんと福島で会う約束を取り付けていました。三人でマツダ・クーペに乗り込んで福島に行き、コンサートを楽しんだ後に蘆原さんに会いに行くと、

「来なさい、来なさい。」

と言って、蘆原さんはそのまま私たちをベコーのいる舞台袖に連れていってくれました。姉はラジオ講座で習ったフランス語でベコーと会話を交わし、あとは

『みんなで歌おう』の収録後に（左端が公子）

蘆原さんが通訳してくれました。ベコーはとてもやさしく、最後に一人ずつ握手もしてくれました。福島からの帰りにはクーペのエンジンが熱くなって白い煙が出てしまい、途中で何回か休んでボンネットを開け、エンジンを冷ましながら帰りました。

いつの日からか、私も毎週亘理にピアノを教えに通うようになっていました。稽古場にはピアノがないので、生徒の家に行ってレッスンをします。だから松浦家とはほとんどお付き合いがなく、奥さんのたけをさんの顔を知っている程度でした。ただ母と姉からは、

「公子さんは息子の武彦にどうかしら。」

とたけをさんが何度かほのめかしていたとだけは聞いていました。

ある日、母と姉が松浦家に呼ばれ、そこで武彦に会いました。話をするととてもおもしろくて、私に良さそうだと言うのです。それからときどきレッスンの後に松浦家に招待され、夕飯をごちそうになるようになりました。何回目かに初めて武彦に会い、もう夜だったので、

「駅まで自転車の後ろに公子さんを乗せて送りなさい。」

とたけをさんに言われ、初めて夜道を二人きりで自転車で走りました。

キャバレー時代は男の人が酔っ払って最低のところを見てきたし、他にも今までいろんな人を見て付き合ったりもしてみましたが、二十七歳になっても結婚を考えられるような人はいませんでした。武彦は国家公務員で東北管区警察局の無線通信課に勤務していて、職は安

定していました。少しお酒が入るとしゃべっておもしろく、少しニヒルな面もかっこいいと思ったし、デートの後は家までちゃんと送ってくれました。武彦の父、薫さんは人の良さそうな元刑事で、間もなく退職して仙台に家を建てると言います。母も姉もいいと言うので、音楽に関係ない人の方がかえっていいのかもしれないと思い、結婚することにしました。

そして武彦が両親と一緒に家に正式に結婚の申し込みに来ました。すしをとってごちそうしようと配達してもらったのですが、受け取ったすしを私がひっくり返してしまい、仕方ないので並べ直して出しました。亘理が縁で知り合ったのだからと仲人は平田さんにお願いし、昭和三十九年三月に式を挙げました。東六番丁小学校の担任だった小野寺先生も出席してくれて、披露宴はバンド仲間と兄弟の演奏で盛大に行われました。

鷺ヶ森に新築した家に同居することになり、薫さんの退職金を頭金にしてロー

披露宴で（左から千重子、久美子、幹朗）

ンを組み、私たち夫婦もローンの半分を支払いました。茶の間が八畳、八畳の仏間に姑夫婦、道路側の四畳半に若夫婦、北側の三畳間に武彦の妹が住みました。やはりどうしても家にピアノが欲しくて中古のピアノを二台、黒いのと赤いのを買い、黒い方を家に置き、赤い方は亘理の稽古場に置きました。二年後には廊下を増築して、私たちの部屋を六畳に広げました。東北放送の仕事は三年後に長男の弘明が生まれるまで続けました。

披露宴で（左端は坂本登さん）

砂金先生

照朗の回想より

高校に入ってすぐ、砂金一水《いさごいっすい》先生に生け花を習い始めました。砂金先生のお宅は小田原車通りにあって、「直水《ちょくすい》」の号で書道も教えられていました。生け花の本原遠州流《ほんげんえんしゅうりゅう》には初伝、中伝、奥伝とハードルがありますが、自転車を走らせて三年間通い、中伝までクリアしました。号は「一村《いっそん》」と申します。

砂金先生は書道グループ「洗心会」の会員で、その会長を務められていた有井凌雲《ありいりょううん》先生に母が書道を習っていました。有井先生は仙台銘菓「支倉焼」の文字を書いたことでも知られる書道会の重鎮で、茶道家「有井宗楽」としても有名でした。本名は有井癸巳雄《きみお》といって、東北地方の温泉の研究をされた理学博士、元東北大学教授でもあり、当時は東北外国語専門学校の校長先生をされていました。

有井先生はよく書道の生徒たちを連れて各地の名所を訪ね、書道とともに歴史的な解説で母の知的好奇心を大きく揺さぶりました。この書道と歴史の旅は泊まりがけで県外に出向くこともあり、鎌倉方面に行った時は大島椿の種を加工したお土産をもらいました。父はといえば、どこに旅行に行っても売店で買ったスポーツ新聞のプロレス記事ばかり読んでいて、後はうたた寝。車窓にもまったく興味を示さず、母は共感してほしくていつも不満たらたらです。だから書道に出合ったことで、子育てに明け暮れた生活から脱皮して、自分のための人生を踏み出せたのです。母は後に仮名の勉強もしたいと言って、八木山の方にある青山にお住まいの中嶋先生にも指導を受けるようになりました。

姉たちも砂金先生に書道や生け花を習ったので、我が家と先生とのお付き合いは長く、さらに発展して亘理の稽古場にも教室を開いて教えに通われていました。先生の奥様は秋田の方で、よくきりたんぽやハタハタ寿司をお土産にいただきました。

家の二軒隣が床屋さんだったこともあって、子どもの時から髪の切り方にかなり興味を

有井先生とたみ枝

持っていました。普通、男の人は切ってもらっている時に目をつむりますが、僕はいつも目を開けておもしろそうだなど思いながらじーっと見ていました。それから見よう見まねで家で練習を重ね、高校二年生の頃からやっと自分で散髪できるようになりました。

　散髪でも何でも自分でやればできるかもしれないという可能性を与えてくれたのは、「何でもやってやろう」をモットーに生きる元子姉です。彼女が、

「原語で歌いたい〜。」

　とラジオでフランス語とドイツ語を勉強したのもその一例です。狭い部屋でシャンソンを歌うので、僕は門前の小僧で「愛の讃歌」や「枯れ葉」などはところどころ歌えるようになってしまいました。ドイツ語は「マイファーター!」が繰り返されるシューベルトの「魔王」、それから「野バラ」、「鱒《ます》」と続き、ようやく実ったのが「第九」でした。

たみ枝と砂金先生、三越ギャラリーで

彼女が運転免許を取るために勉強していた時も、小学生だった僕は一緒に『テレビ自動車学校』を見て運転の仕方を覚えました。

「S字カーブを縁石に乗り上げずに走るには、視線を右カーブはボンネット中央の社マークを通り縁石を見つめ、左カーブはフェンダー上の左サイドミラーを通り縁石を見つめ、外さないように運転しなさい。」

講師が手のひら大の自動車を紙の道路に走らせながら説明します。

軽自動車では日本初のノークラッチカー、マツダ・クーペは、まさに姉のために発売され、彼女の人生を大きく変えました。駐車場がないので、愛車は堀内さんと門脇さんの世話で仙建工業（1）の敷地に置かせてもらいました。当時

元子とマツダ・クーペ

の車は寒冷地対策が未開発で、冬の朝などはエンジンがかかりにくく、車の鼻先にクランク棒を差し込んで回しながら対処します。また、夜は冷えないように座布団をエンジンの上に乗せ、エンジンプラグを掃除するのも僕の仕事でした。

高校三年生の時、NHKに勤めている親戚の石森良夫さんから、我が家にテレビ出演のお声が掛かりました。朝の番組『こんにちは奥さん』が仙台に収録に来るので、その時に音楽一家として紹介するというのです。それなら皆で一曲歌おうということになりました。ちょうど、映画『サウンド・オブ・ミュージック』が大ヒットした後で、久美子姉がサウンドトラックのレコードを買ってきて、それが毎日耳から勝手に入ってきてもう耳タコ状態でした。偶然にもトラップ・ファミリーの子どもたちは石森家と同じ七人兄弟です。ペギー葉山が盛んに「ドレミの歌」をブームに乗っかって歌っていて、普通だったらそれになるのですが、そこはちょっとお高い石森一家。二番目にポピュラーだった「エーデルワイス」に落ち着きました。

さっそく歌詞を手に入れて練習を始めたものの、ただで済まないのがこの兄姉。訳詞とメロディーの音符が一致していないとか、直訳に近くて国粋的だとか始まって、訳し直した方がいいとややこしくなってしまいました。結局高校生で暇な僕が和訳することになり、授業中に辞書を片手にまじめに取り組みました。

ところが、最後の「Bless my homeland forever」がどうしても訳せません。愛国思想讃歌なので、映画ではピッタリのフレーズです。でも日本ではどうだろうと思い、あれこれ違う表現で何かないかとずいぶん悩んで困り果て、家族会議を開いて皆に相談しました。そしたら久美子姉がいとも簡単に、

「幸せの花、でいいんじゃない？」

と言ったのにはとても驚きました。皆もすぐに賛成しました。ドツボにはまってしまう自分と、あっさり枠を超えて自由に発想できることのすごさ。その後の人生で行き詰まった時に何度も思い起こす衝撃の瞬間でした。

収録当日のゲストは作曲家の高木東六《とうろく》さんで、昭和四十一年十二月十二日に放送されました。

高校入学当初から就職と自立は決めていま

こんにちは奥さん

した。幹朗兄の大学中退も勇気をくれたし、演劇部活動で夜学の仙台女子高と交流があり、決定的になりました。同じ世代を生きているとは思えないくらい、生き生きとして堂々と向学心にあふれる明るい女性たちに、自分の甘さを思い知らされました。

コックを目指したきっかけは、小さい頃に観たアメリカの戦争映画です。もちろん英語はわからないし字幕も読めないので、ただ画面を一生懸命観て想像します。少年兵も失禁しながら銃を構えます。人間は何のために生きてるんだろうと思いました。劣悪な状況の中で、ブクブク太ってヒゲを生やし、銃は持たずにレードルを持ってジョークを言ってる奴が必ず登場します。コックです。成長とともに人間の歴史は戦争の歴史であることを知り、絶対にまた戦争が来ると思いました。戦争になったら人を殺すのは嫌だし、死ぬのも嫌です。だから前線には行きたくありません。皆が将来の夢で「社長」「野球選手」などと言っているのを横目にして、

「断然コックでしょ！」

と考えました。

そんな僕の夢に翻弄された父が、高校一年生の夏休みに三越の食堂での厨房アルバイトを世話してくれました。

「大変なのがわかって考えを変えるだろう。」

と親心は計算していたかもしれませんが、二年、三年と続けました。そして食堂のチーフの口利きで東京の料理人を経由して東京ヒルトンのナンバー2シェフを紹介してもらい、入社試験の権利を獲得しました。受験者の大部分が同じ紹介者で、何せ会ったこともない人間を口利きするのですから、父が当時のお金で十万円渡したらしく、試験は簡単な筆記試験でした。

（1）一九五七年に仙鉄工業株式会社から仙建工業株式会社に社名改称。

終楽章　出逢い

一九六四年（昭和三十九年）〜
二〇一五年（平成二十七年）

温泉治療

元子の手記より

昭和三十九年秋、書道を習い始めました。指の変形で悪筆だったのを直したかったのですが、有井先生が家に教えに来てくださるようになったのです。

「正座ができなくても心で書け。」

という先生の言葉が救いでした。他の障がい者と違ってリウマチ患者は少しずつ進行する人が多く、無理がきかないし、いつ再燃するかわかりません。これも本気で習って師範の免状でも取れたら、何かあって音楽で食べられなくなった時に役に立つかもしれないとの気持ちもありました。常に二段、三段構えです。

そのうち有井先生の紹介で、東北大学付属病院の鳴子分院へ診察を受けに行くことになりました。全国でも数少ない温泉治療をする病院ですが、車で二時間かかります。しかも日帰りなので、私にとっては強行軍でした。医者に本格的な温泉治療とリハビリを勧められ、暮れから正月にかけての一ヶ月と決めて入院することにしました。湯治は昔何度もしましたが、もう二十年たっても治らない病のことです。特に期待もせず、日頃の多忙な身を休めるようなつもりでした。

　リハビリは主に自転車こぎに精を出し、機能訓練の他に鉱泥《こうでい》浴、鉱泥湿布、足浴などで痛みを和らげました。薬はほとんど栄養剤です。それまではほとんど家の中だけで動いていたのが病院内を歩き回らなければならず、杖をつきながら壁を伝って休み休み歩いていました。急に足を使うことが増えて歩きすぎたせいか、退院した時にはむしろ入院した時よりも歩けない状態で帰ってきました。

　ところが、退院後一ヶ月過ぎた頃から少しずつ足の痛みが薄らいで、立つのも歩くのも楽になってきました。この時とばかり朝早く起きて散歩に出かけ、どんどん距離をのばしていきました。杖は

元子と公子、看護師さんたちと一緒に

持っても使わずに歩く、杖を持たずに歩く、街へ出てみる、階段も立って一段ずつ上り下りする、トイレでもしゃがむ練習をする、といったように身の周りの物や場所をすべて訓練の道具にして体を鍛えていきました。

春にはだいぶ歩くのが楽になりましたが、いつまた歩けなくなるかわかりません。今のうちにと母と照朗と三人で東京見物に出かけ、はとバスにも乗って観光を楽しみ、千重子の所にも寄りました。でも最後の羽田空港見物の時にはまた歩けなくなり、照朗におぶってもらいました。帰ってきてからも杖は持ったりついたりしながら散歩を続けました。

こうして退院から半年過ぎた昭和四十年八月、ちょうど発病二十年目にして完全に杖が取れ、介助の手から離れて自分の足だけで歩くことができるようになりました。何か自分だけよくなったみたいで申し訳なく感じ、歩けるようになった感激と同病の方たちへのメッセージを朝日新聞『ひととき』に投稿したら掲載され、全国から六十通近い手紙が来ました。これをきっかけに鳴子に入院してよくなった人、地元の病院で治療訓練を始めた人、自宅でリハビリに励む人など、今まで歩けなかったのが歩けるようになってきたとのお便りに、こちらの方が驚かされました。

この時に島田広子理事長から「日本リウマチ友の会」の案内がありました。患者同士がリウマチを正しく知り、励まし合い、明るく強く生きるための患者団体で、年に数回機関紙『流《ながれ》』を発行して最新の医療情報などを紹介し、年に一回全国大会も開催しているとのことで、さっそく入会しました。島田理事長自身もリウマチ患者です。国立伊東温泉病院に入院している時伊藤久次院長の講話を聞いたのをきっかけとして昭和三十五年に「伊東リウマチ友の会」を発足。それが全国的な反響を呼んで会員数が増え、翌年「日本リウマチ友の会」となりました。

　これまでどこへも出かけられなかった分、歩けるうちにと十月には両親と三人で京都と奈良へ修学旅行に出かけ、十一月にはラジオ体操も始めました。はじめは上半身の動きを支えるのがやっとだった足もどんどん強くなり、足の屈伸、つま先立ち、両足跳びまでできるよ

家庭

ひととき

病に負けず立とう、歩こう！！

　十年来のリューマチスのため、ご主人を要すればこそと離婚にふみ切られた池上さんのことが、話題になっています。

　二十年の多発性関節リューマチス歴を持つ私は、池上さんの苦節を超えた闘病生活に拍手を送りつつも、その半面大勢のリューマチスの方々に、十年たっても治らない病気であるとの絶望感をあたえはしないかと危ぶみます。

　私は二十年前の小学六年生の時、仙台の空襲で家を焼かれて田舎へ疎開し、そこで発病しました。当時のことゆえ薬もなく、治療をつくしても悪くなるばかり。両足首をはじめ、体中の関節を病み、現在十九カ所の関節が変形したり固定しています。全然立てない時期が四、五年続き、学校へも通えずに家で勉強し、中学卒の資格だけは検定試験でとりました。両親や弟妹がいたために孤独になることもなく、また若い時から和けいこしていたお茶が役に立って、歩けぬまま近所の子どもたちを相手にお茶を始め、経済力も出来ました。

　しかし、立てないことが何とも残念で、絶対に固定した足首をながめているうち、カカトの高いはき物をはけば何とか立てることを発見、五寸の高さのクツをはいて立つ練習をしました。それが発病から八年目のことです。

　歩くといってもツエを片手にせいぜい二、三十分です。行動範囲を広くするため、中古の軽乗用車を買い、免許をとったのが四年前、これで地方へ出稽古（けいこ）も出来るようになりました。このころから徐々に体力もついて来て、おととしの正月前後の一カ月間、全国でも数少ない温泉治療をする東北大学附属鳴子分院に入院して、さまざまの治療を受けました。

　私としては古い病気なのでたいした期待もしなかったのに、退院後、足首の痛みがだんだんとれてきて、立つのも歩くのも楽になったのです。この夏ごろから、ツエなしで歩く練習をして、発病以来二十年目のこの夏、自分の足だけで大地を歩くことができるようになったのです。

　リューマチスの皆さん。あきらめてはいけません。ベッドの上に寝てばかりいないで、立つ工夫をしてみましょう。仕事を持ちましょう。そのうち歩けるようにもなるでしょう。きっと新しい人生が開けます。（仙台市南町通　石森　元子　31歳　茶道教師）

朝日新聞『ひととき』昭和40年9月3日掲載

うになりました。履物のかかとの高さも、五センチだったのを正月から二センチに替えて慣らし、二月には義茂と一緒にバスツアーで蔵王へ樹氷見物に行きました。樹氷に触れる所まで行けたので二人で感激し、夜は蔵王温泉に一泊。雪の山を登り降りしたのが足首のリハビリになり、足がまた一段と鍛えられました。楽しみながらよくなっていくのですから、こんなうれしいことはありません。歩けなかった頃は骨と皮のようにやせていたのが、だんだんと体重も増えてきました。春には室内履きもやめて、直接足を畳の上につけて歩けるようになり、とても便利になりました。

ところがこの頃から私と入れ代わりのように、五十二歳になった母に関節リウマチの症状が出始めました。

ヤマハ

久美子の回想より

昭和三十九年、一女（1）を卒業してヤマハに入社しました。正式には日本楽器製造株式会社といって、元子姉さんがよく生徒たちの教材や楽器を買っていた店です。当時は大町の日本銀行の向かい側にありました。

レコード売り場を担当しましたが、同僚に「ジャズキチ」と呼ばれるほどジャズが大好きでした。家族で観に行ったミュージカル映画から始まって、中学に入った頃からジャズを聴き始め、クラシックにない旋律やリズムに魅了されました。お小遣いのほとんどが名画座で四十円の映画代になり、入れ替えがないので同じ映画を二回続けて観るのは当たり前で、『五つの銅貨』などは皆でおにぎり持参で観に行きました。

高校に入ってからはさらにジャズにハマり、よく公子姉さんの『１００１《センイチ》』を借りて学校に持っていっては、授業中に隠しながら見ていました。センイチはジャズ・スタンダードの海賊版楽譜集で、歌詞も書いてあります。高校二年の予餞会でヴァイオリンを弾かされた時は、後で音楽の高樋先生に呼び出されて、

「芸大に行きなさい。」

と言われましたが、そんな気は全然ありませんでした。小学四年生の頃から迫力に欠けると言われ、音楽コンクールでも入賞できなくなっていたのです。それに小学生の時からずっと勉強ばかりしてきたのでもう勉強が嫌になり、早く解放されたいと思っていました。

私が高校に入った頃から義ちゃんがアメリカ文化センターのジャズコンサートに通い始め、その影響を受けて私も通うようになりました。やっぱり音楽と関わり合う仕事に就きたくてヤマハに入社したのですが、そのジャズコンサートで覚えたことが役に立ち、レコード売り場にジャズコーナーを作ったり、上司に頼まれて月に一回売り場のメンバーにジャズの講義をしたり、常顧客を増やすためにジャズ愛好会を発足したりと、いろんなことをやらせてもらいました。ジャズ愛好会に入ったお客さんにはスタンプカードを発行して、カードがいっぱいになったらＬＰ(2)を一枚無料進呈などの特典をつけ、レコードの売り上げに貢献することもできました。

ジャズ愛好会のもう一つの特典は、レコードコンサートへのご招待です。青葉通りの晩翠草堂の奥にある仙台ユネスコ会館や日乃出会館七階のホールを会場にして、同期でエレクトーンの技術を担当している新ちゃんこと佐久間新一君がGoodmansスピーカーやアンプなどを持ち込んで、オーディオのセッティングから片付けまで手伝ってくれました。ジャズ愛好会のメンバーから歌ってみないかと誘われて、一回だけコンボで歌ったこともあります。ところが後でそのステージがストリップ劇場だったとわかり、つまりストリップショーの前座だったわけで、ギョッとしました。

その他にも国分町のジャズ喫茶「アド」に頼まれて月に一回新譜レコード紹介のコンサートをしたりして、やりたい放題で楽しませてもらいました。一人で初めての飛行機に乗って、とんぼ返りで東京に輸入盤を仕入れに行ったこともあります。プロペラが見える窓際で、酔わなかったのでホッとしました。

ヤマハに入ってから、花嫁修行にと生け花を習いに砂金先生のところへ電車で通い始め、その後書道に切り替えて習いました。ヤマハは入社一年後ぐらいに東一番丁に移転オープ

ンして家のすぐ近くになり、まっすぐ中央市場を抜けて帰ってお昼を食べることができました。移転前に銀座のヤマハで一週間の研修があったので、成増の千重子姉さんの所に泊めてもらいました。そんなに長い間一人で家を離れるのは初めてだったので少しホームシックになり、千重子姉さんと二人でお母さんのことを想って泣いたのが忘れられません。

　新ちゃんとの初デートは青葉通りの藤崎向かいにあるミルクスタンドでした。子どもの頃からよくメロンミルクやコッペパン、ドーナッツなどを食べに連れていってもらったお店で、結構人気がありました。ところがオーダーしてもなかなか持ってこないので、しびれを切らした新ちゃんが黙って出て行ってしまい、せっかくのデートが台無しになってしまいました。

後日、初デートのやり直しで折立の西花苑に行き、こちらは熱帯植物園や大花壇もある広大な遊園地なので、楽しい一日を過ごすことができました。

　新ちゃんを正式に家族に紹介したのは、皆で松島湾の「すだて」に行った時です。松島の東の高城町から貸し切りの船が出て、湾内に仕掛けた定置網に行って魚を引き上げ、その新鮮な魚を船内でさばいて天ぷらや刺身などに調理してもらいます。私たちを案内してくれたのは女船頭さんで、皆で松島の景色を眺めながら、ゆらゆらといただきました。

昭和四十三年秋に仙台共済会館で結婚式を挙げることが決まり、仕事を探し始めました。結婚したら同じ職場にはいられないので、私が転職するしかないのです。ちょうどその年の春にできたばかりのＣＢＳ・ソニーレコード株式会社が仙台出張所を設立するという話を聞き、ヤマハの上司が口利きをしてくれたおかげで立ち上げ当初から仕事に就くことができました。仙台出張所は所長の丸山茂雄さんと私の二人だけで、仕事の内容は東北各地のレコード特約店からの受注、仕入れ、発送などの営業事務でした。

左からたみ枝と靖朗、照朗、久美子、新一、元子、繁

結婚式当日は元子姉さんが作ってくれたウェディングドレスを着て、所長の丸山さんも式

に出席してくださいました。丸山さんはその十年後にＥＰＩＣソニーレコードを設立し、後にソニー・ミュージックエンタテインメントの社長を務められたすごい方です。さらにずっと後になってから、お父様が丸山ワクチンを開発した丸山千里さんであることを知ってびっくりしました。

（1）宮城県第一女子高等学校、現・宮城県宮城第一高等学校。
（2）Long Playing の略で、直径三十センチ、片面三十分まで演奏できる長時間レコード。

児童相談所

義茂の回想より

大学卒業を前に、宮城県職員採用試験と教員採用試験を受けました。県職員は合格しましたが、教員の方は大学での取得単位の関係で中学と高校の社会科教師にしかなれず、仙台を試験会場とした宮城県と北海道を受験して、いずれもC採用。つまり空きがあれば採用という絶望的な結果でした。

そんな時、宮城県中央児童相談所から大学の心理学研究室に仕事の話が舞い込みました。当時の児童相談所長は精神科の医者で、県職員採用試験に合格した五人を自宅に呼び、まだ配属も決まらないうちから全員児童相談所勤務にしたいとの話でした。

結局そのうち自分を含めた三人が児童相談所に就職し、配属されたのは「判定指導課」でした。子どもが抱える盗みや不登校などの問題の成り立ちや解決を子どもの側に立って考えるという仕事で、職員は精神科の医師一人と心理学出身の五人です。月に一回、午前は研究会で国内外の論文の紹介などがあり、もっともっと勉強しなければと思いました。大学にまた戻りたいという気持ちに駆られましたが、そんなわけにもいかず、とにかく無我夢中でまっしぐらに進みました。

児童相談所には「判定指導課」の他に、親と面接して調査をする「相談調査課」と、一時的に児童を保護して生活指導や学習指導をする「一時保護課」がありました。二年後、その一時保護課に新しく入ってきたのが紀子でした。一週間に一度は当直で、彼女と一緒になることがよくありました。一時保護されている子どもたちの精神的な安定を図るため、三つの課から判定員、ケースワーカー、生活指導員が三位一体となって二十四時間体制で一人一人の児童と関わっていたからです。

当直の時は三十人ぐらいの児童と夕食から翌日の朝食まで一晩中一緒に過ごし、男子職員は男子の、女子職員は女子の世話をします。日中から落ち着かない様子の児童がいればその子が寝つくまで話をしたり、中学生の無断外出を食い止めたりもしました。子どもたちにしてみれば、自ら望んで一時保護されているわけではありません。親の貧困や虐待、自らの非行など、環境面や精神面での問題を一緒に考えながら、喜びもたくさん体験させてもらいました。

昭和四十四年に紀子と婚約し、お袋と紀子と三人で夏の蔵王へ行くことになりました。要は面接のようなものです。東京から帰省中の照朗も心配と観察を兼ねて緩衝材として同行することになり、親父も行くと言い出して、総勢五人で朝仙台駅前から蔵王行きのバスに乗って出発しました。山はよく晴れてとても気持ちよく、お袋も憧れのお釜を見て、その神秘の色に感銘を受けたと喜んでいました。そこから蔵王温泉に出て、山形から仙山線で仙台へ帰りましたが、紀子も家族の一員として楽しんだようで、

「緊張したあー。」

と言いながらもうれしそうでした。

秋に結婚式を控えて東京出張があり、照朗の所に泊めてもらいました。結婚式の準備不足で紀子がハラハラしている時期でしたが、一人で石森家を訪れたら折しも秋保から登美おばちゃんが来ていたそうで、昔話で盛り上がって大爆笑。お姑さんも話しやすくてとてもよい人だとホッコリして帰ってきたと聞いて一安心でした。

蔵王で紀子と義茂

結婚式の披露宴で「愛のうぐいす（Le Rossignol en Amour）」を花嫁に贈るため、密かにブロックフレーテの練習をしていました。この曲はフランスの作曲家でオルガニストのフランソワ・クープランの作品で、本来の伴奏はクラヴサン、いわゆるハープシコード（1）です。当日、会場の日乃出会館ではもちろん公ちゃんのピアノ伴奏で演奏しましたが、一緒に練習したわけではないのでほとんどぶっつけの本番。紀子はもちろん、家族の皆にも喜んでもらえました。結婚したら同じ職場にはいられないので、紀子は保母専門学院に転勤して一年生の担任となり、養護原理などを教えるようになりました。

宮城県中央児童館の奥の方に、重度・最重度ばかりの知的障がい児の施設がありました。ある日そこでの帰り道に、児童館の一角に二十人程度の人だかりがあったので何気なくのぞいてみると、それはなんと児童館の職員と子どもたちとボランティアが石碑を囲ん

披露宴で「愛のうぐいす」

で歌っているところでした。石碑には「てれてれおてんとさん」などと書いてあって、この「おてんとさんの唄」をリードしていたのはもう九十歳を過ぎているような元気なおばあちゃんでした。

親父がいつからか児童文化活動にのめり込み、天江富弥《あまえとみや》さんという名前は親父の知り合いとして耳にしていました。仙台の児童文化は、「炉ばた」の初代店主でもある天江さんが中心となり、スズキヘキさんとともに童謡雑誌「おてんとさん」を発行して一時代を築いたとは聞いていましたが、親父からはほとんど話を聞いたことがありませんでした。この日初めて、天江さんの児童文化活動がこんなにも長く大切に受け継がれていることを知り、強い感銘を受けました。

（1）チェンバロとも呼ばれる鍵盤楽器。

リウマチ友の会

元子の手記より

昭和四十一年四月二十九日からの二日間、宮城県民会館で第十回日本リウマチ学会が開かれました。これを機会に友の会の宮城県支部を作ったらと島田理事長に勧められ、宮城県内の会員十四名に発足会のご案内を送りましたが、そのうち三分の二の方が外出不能とのこと。その他都合の悪い方もいて、四月三十日の発足会当日は会員四名と外出不能の会員のご主人一名、それに学会に出席中の著名な先生方にもおいでいただきました。友の会本部から島田理事長らが加わって宮城県民会館内の一室で宮城県支部が発足し、初代支部長を引き受けました。

学会の会長を務められた東北大学教授の杉山尚《たかし》先生は、私が入院した鳴子分院の院長でもあり、発足会の会場のことから何まで一切のお世話をしていただきました。私ども会員はただお客様として招かれたようなもので、何とも恐縮の至りです。国立伊東温泉病院の院長で昨年リウマチ外来を開かれた伊藤久次先生、東京大学教授の大島良雄先生らが座談の形でいろいろなお話をしてくださり、会員の療養相談にも乗ってくださいました。

その中でも特に感銘を受けたのが鳥取大学教授の村江通之先生のお話でした。村江先生はご自身も戦時中にリウマチを患い、医者と患者を兼ねておられますが、長いこと全身の関節をやられながら、細心の注意と早期の関節運動でお体のどこにもリウマチ特有の変形が全然見られません。やたらと薬に頼らずにご活躍なさっている先生のお話は、会員一同大変勉強になりました。今後の会の運営や療養相談についても杉山先生が積極的にご援助くださるとのことで、心強い限りです。

予定時間をオーバーして散会した後、島田理事長と一緒に外出できずにご主人が代わりに来られた会員と同じ方面の会員もう一人を訪問し、大変喜ばれました。この経験を通して、外出不能の会員のためには、外出可能の会員が訪問して交流を深めていく必要があると強く感じました。その後、学会の先生方や島田理事長と一緒に春の蔵王に遊びに行きましたが、この頃から足の裏に結石ができて、消炎鎮痛剤のインダシンを服用しました。そうしたら一ヶ月で全身に薬疹が出て、それが治るまでさらに一ヶ月ほどかかりました。

六月には東京で開かれたリウマチ友の会第六回全国大会で体験談を発表し、最後に同病者へのメッセージを伝えました。

「家族の協力があっても、病人自ら家に閉じこもったり、甘えすぎてわがままになったり、病気を見つめすぎて暗い生活を送りがちになりますが、ますますそれでは自立できなくなります。幸い私は仕事を持ち、経済力もでき、忙しく暮らしていますので、リウマチだけに付き合っていられません。趣味をたくさん持って楽しみごとを増やし、リウマチを忘れることが大切と思います。私は音楽の他、洋裁、映画、読書、書道、それにたくさんのお手紙書きと忙しい毎日を仕事に追われ、今でもあちこちに痛みや腫れは出ますが、そうそう関わり合いません。『アラ、また出たか』くらいです。仕事や趣味に身を入れるといつか痛みも忘れます。私があまり生きが良いので、リウマチの方で愛想が尽きたのだと思っています。それではシャクだからと、ときどき痛みを起こしては我ここに在り、と、リウマチの存在を示しているのだと思います。とにかく、自分に合った仕事を持つ、趣味を増やして楽しみごとを多くする、とある程度身辺を多忙にして、病とべったりくっついた生活から離れることが、とても良い治療法だと思えるのです。」

リウマチ友の会第六回全国大会で

帰りに両親と一緒に鳴門へ遊びに行き、初めて米田氏と対面しました。全国大会で徳島の会員、坂尾元子さんから支部を作る相談を受けていたので、彼女と会って徳島支部設立のお手伝いをした後、京都見物をして帰ってきました。

　翌年五月のリウマチ友の会第七回全国大会では、公子の伴奏でヴァイオリンを演奏しました。さらに東北六県を統合した友の会東北支部を結成して支部長となり、支部会員数が百人を超えたことから友の会の理事の末席に入りました。

　十二月にはＮＨＫのテレビ番組『こんにちは奥さん』がリウマチを特集し、伊藤久次先生や中伊豆温泉病院院長の間得之先生、友の会の人たちも出演して、最後に私と同じように手が不自由

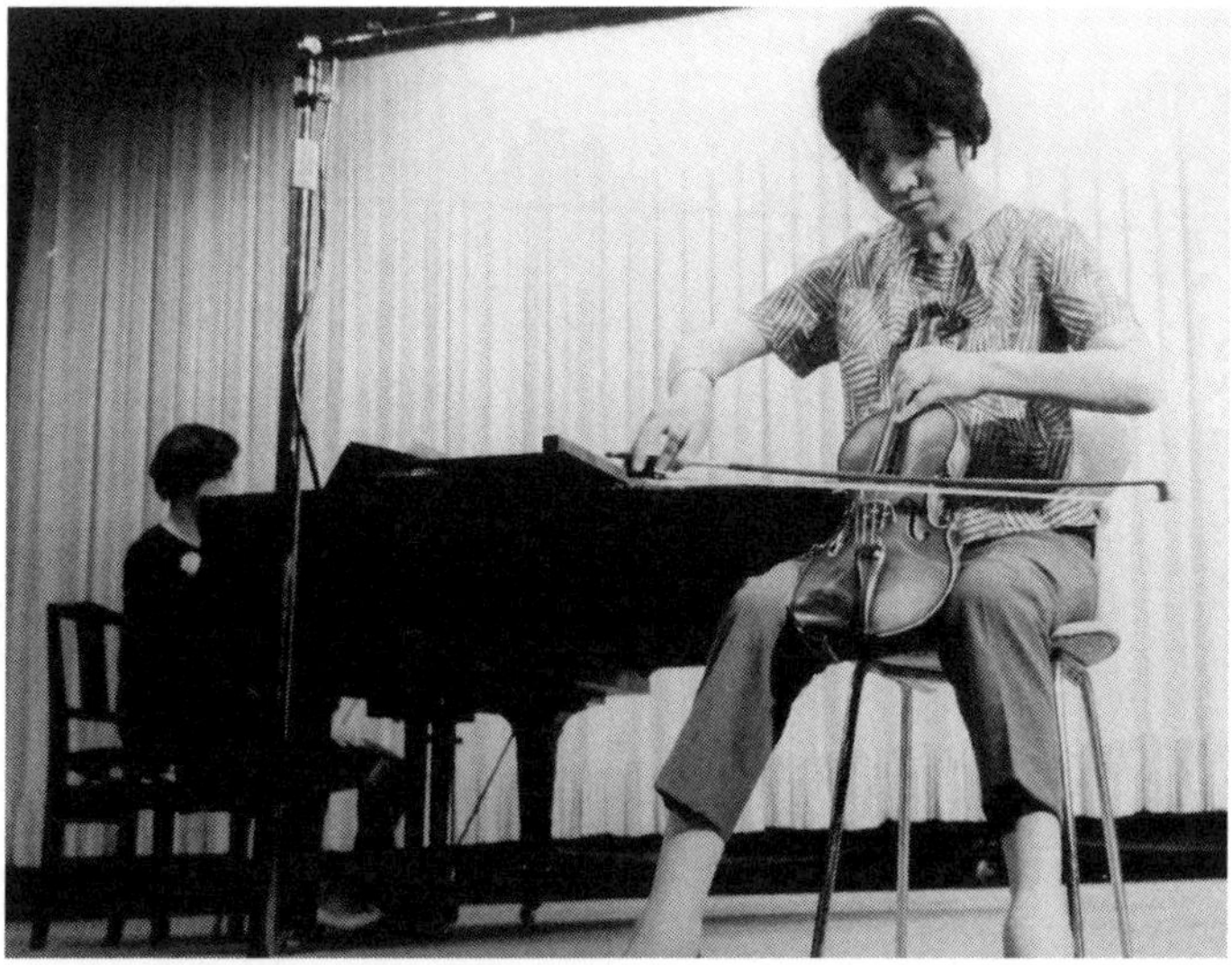

リウマチ友の会第七回全国大会で

な小沢綾子会員のピアノ伴奏に合わせてアヴェ・マリアをヴァイオリンで弾きました。この頃にはリウマチがだんだん小さい所へ移ってきたようで、指が痛むようになっていました。

昭和四十三年五月には福岡でリウマチ学会が開かれ、島田理事長のお供で見学に行きました。その帰りに一人で鳴門に寄って徳島支部の初代支部長となった坂尾さんと会い、米田氏と再会しました。

東京ヒルトン

照朗の回想より

昭和四十二年四月、東京ヒルトンホテルに就職し、

「世界一の料理人になる。」

と看板を掲げて家を出ました。夢は大きい方が大人は喜んでくれるし、それ以上話題にならないからです。実際は父が買い取ったチャンスなので負担に感じず、いつでも進路は変更できるのだと考えて上京しました。何が何でもコックとは考えていなかったし、思いっきり弾かれて蕎麦屋の出前から再出発でもいいと思っていました。ただ紹介してもらったからには全力投球して、迷惑だけはかけないようにしようと思いました。

住まいは千重子姉が仙台に帰ってくる前に、西巣鴨に四畳半の間貸しアパートを見つけてくれました。トイレは共同で風呂なし。一階に大家さん家族が住んでいて、大きめの流しがあり、洗濯はそこで手洗い。家賃四千円です。家財道具は折り畳み式のテーブル、電熱器式火鉢とヤカン、ジャンプ式トースター、借り物のラジオ、ジッパー式洋服掛け。あとはチェストと食器戸棚と小物入れ引き出しを一体化させた家具を自分で設計し、伊勢丹から板材を

買ってきてちまちまとやりました。何せ間貸しで釘打ちはうるさくてできないので、組み合わせを駆使して無駄のまったくない家具を作りました。

通勤経路は、新大塚駅まで徒歩十分。山手線に乗って新宿で地下鉄丸の内線に乗り換え赤坂見附駅下車。そこから徒歩十分でホテルです。まかない付きなので食事の心配はまったくなく、戦争映画を観て考えたことの正統性をプチ体感しました。でもしばらくすると、おいしいものが食べ放題なのも考えものだと気づき、これではだめだと思って食欲をなくそうと心がけました。だから自分の欲の中で最初になくなったのが食欲でした。

従業員食堂で初めて卵の入った納豆を食べた時は、カルチャーショックでした。その頃の卵といえば高級品です。家では一個、二個と向かいの佐藤商店に買いに行くもので、もちろん納豆の中に入ったことは一度もありませんでした。家で生卵として食べる時は、鉢に味付けした卵を皆でご飯の上に少しずつ分けて回し、白身がよく溶けていないと一気に入って大騒ぎになったものです。

朝ごはんの納豆作りは元子姉の仕事で、僕がいろいろ興味を持ち始めた頃にその作り方を伝授されました。彼女はサラッと教えたのでしょうが、僕はしっかり聞いて覚えました。後で思えば、ごはんの準備の時に動かなくても役をこなせる納豆作りは譲れない仕事だったのでしょう。まず納豆を鉢にあけます。そしてテーブルソルトを一振りかけます。次にリウマチで屈折した右手に箸、左手にはちりれんげを持って、鉢中の納豆を左右で持ち上げます。すると豆達は糸を引きながら落ちていきます。この作業を繰り返すうち、やがて糸同士が絡まり、流れ落ちる滝に豆達が踊るようになったところで手を止めます。ここで小口に薄く刻んだネギと、汁が垂れない程度に汁気を切った大根おろしをのせます。汁はジアスターゼと教わって僕が飲みました。そして醤油を二回り入れ、味の素と七味唐辛子を少し入れ、全体をほっこり混ぜて出来上がり。これは卵の入った納豆もかなわないおいしさで、この伝統はしっかり守っていきたいと思いました。

　ラジオが唯一の情報源でしたが、偶然いじったチューナーで軽快なリズムのＦＥＮと出会いました。ヒルトンは宿泊客のほとんどが外人さんなので、いつどこで英語が必要になるかわかりません。聞き取りだけでもあのスピードとイントネーションに慣れておかな

東京ヒルトンで

くてはと、ほとんどかけっぱなしでした。グランドシェフがドイツ人で英語を話すのですが、それまで何を言っているのかわからなかったのが、いつの間にかひどいなまりなんだなとわかるようになりました。音楽もバンバンかかってくるのでＢＧＭとして聞き、

「こりゃいい曲だ！」

と思って後でちまたで流行り出したりするとプロデューサーになったようで、

「だから言っただろー！」

と自己満足していました。

東京に出る前に必死で覚えた「大漁唄い込み」と「さんさ時雨」はあちこちで役に立ちました。でもそのせいか、仙台って相当田舎なんだと思われました。大漁唄い込みはもともと義茂兄が児童相談所の出張で気仙沼の鼎《かなえ》が浦に行った時に飲み接待で覚えてきた歌で、

「うりゃ！　どっと！　うりゃ！　どっと！」

と教わりました。

それから楽しかったのが、友達と従業員食堂を会場にして開催したダンスパーティーです。本屋で初心者用の本を買ってきて、仕事が終わると僕がインストラクターに変身して仲間に特訓して大成功。事の発端は、米軍キャンプでアルバイトをしていた公子姉が、ある日突然、まだ年端もいかない僕をパートナーとして覚えたてのジルバのお稽古を始めたことでした。

他の姉たちもすぐ悪乗りするので、とっかえひっかえ踊らされて覚えてしまったというわけです。ヒルトンで仲間と踊ったのは、ジルバ、マンボ、ボックスルンバ、ブルース、後はぐちゃぐちゃになってツイスト・モンキー。「ダイナマイト」でさらに盛り上がりました。

久美子と千重子

神戸製鋼所

米田尚史の回想より

元子がリウマチ学会で九州に行った帰りに鳴門に寄ってくれました。泊まったホテルのすぐそばが岡崎海岸という美しい砂浜で、夜は潮騒が聞こえて何とも言えませんでした。私はもともと無口な方なので、向こうだけが一人で楽しそうによくしゃべっていました。その後私は家に帰り、元子はホテルに一晩だけ泊まって次の日仙台に帰っていきました。

それから結婚しようということになり、私の決意も固まって仙台に挨拶に行きました。その時に初めてあの狭いマツダ・クーペにも乗りました。長子だと格別にかわいがって育て、ましてや小さい時から体が弱かったので、ひとしお親の情が深かったはずです。そこへどこの誰ともわからないような男が結婚を申し込みに来たのですから、あの時の自分にどれだけその親の気持ちの理解があったかと、後からよく考えます。

鳴門で生まれ育ち、終戦を迎えたのは元子と同じ小学六年生の時でした。まだ小さくて何の判断力もない時から軍国主義の教育を受け、天皇陛下はありがたいとか、上の者には絶対背くなとか、戦争中はそんなことを徹底して教えられました。朝登校したらまず校門に立ち、二階の天皇陛下の御真影が掲げてある御真影室に両手を伸ばして最敬礼してから学校に入ります。先生がすぐ横に立っていて、手がきちんと伸びていないとピシッとたたかれたものでした。

兵隊が一名か二名学校に配置されてきて、その兵隊が教官となって毎日訓練です。山に行って細い木を切ってきて木刀を作ったり、竹やりでわら人形を突いたりしては、

「エイヤッ。鬼畜米兵、一億火の玉。」

そんな標語で徹底的に染められていきました。バケツリレーの消化訓練は学校でも町内会でもやらされました。男は徴兵されていないので、町内会の訓練は女性が中心です。

兵隊の手当てなんてわずかなものですから、残された女性が大変でした。さぞかし辛かったろうと思います。子どもたちの食料を確保するため、タンスから着物を出しては農家へ米と交換してもらいに行きます。何度か母と一緒に行きましたが、その頃には百姓もずる賢くなってなかなか米とは替えてくれず、蓮根と替えてもらったこともありました。帰りには見張りがいて、列車に取締りに来ることもあり、見つかると全部取り上げられて、手ぶらで帰ってくることになります。

鳴門に直接空襲はありませんでしたが、徳島には飛行場があって対空高射砲を打つこともあったので、そちらの方に焼夷弾を落としているのは花火のように皆よく見えました。

中学を卒業したら高校に行けと言われましたが、親のことを考えたらそんな苦労をかけるわけにはいきません。ちょうど神戸製鋼所の工場が募集しているというので、入社試験を受けることにしました。担当の先生から自分たちで引率して行けと言われ、四、五人の生徒だけで神戸に行きましたが、他の中学校の生徒たちは皆先生に引率されて来ていました。それでも無事運用部に受かり、担当の先生も鼻高々で、

「百人に二人しか通らんのによう入った。」

と職員室で自慢していたと、後で他の先生から聞きました。

昭和二十四年春、中学を卒業して家を離れ、会社の寮に入りました。神戸は空襲でめちゃめちゃにやられ、まだ焼け野原がいっぱい残っていました。神戸製鋼所はその頃すでに一万人近い従業員を抱える大会社で、その敷地は阪神電鉄三駅ぐらいにまたがってずっと広がっていました。現場関係の中堅を養うための養成学校があり、そこに三年間通いました。最初の一年間は授業ばかりでしたが、二年目からは週に二日ほど現場実習が入り、三年目は毎日午前中授業で午後から実習でした。授業は主に一般知識を深めるためのもので、現場の授業は三年目になって初めて少し入ってくる程度でした。

戦後の貧しい時で、何でも配給です。寮母が作ってくれるとうもろこしの蒸しパンには何の味付けもなく、置いておいたらカチカチになりますが、それでも皆ひもじいのでかじって

食べました。でも昼飯だけは銀飯が出ます。もうこれがうまくて何よりも楽しみで、量もたっぷりあって最高でした。それから何ヶ月かに一回、わずかな量でしたが砂糖の配給がありました。小遣いが欲しかったので、食べたいのを辛抱してそれを貯めておき、三宮まで売りに行ったものでした。

会社の授業では高校卒業の資格が取れないので、別に夜学へ通いました。夕方五時に仕事が終わってタイムカードを打ち、バスがないので片道小一時間歩いて学校に行きます。神戸は坂道なので、自転車を買っても登れないし、買う余裕も置くところもありません。夏場は西日に照らされながら坂を登り、周りは焼け野原なので日除けは何もありませんでした。

夜学は神戸高校の校舎を使っていました。学制改革の前は神戸一中といって、関西地方の秀才しか入れない名門校だったらしく、戦災を逃れて体育館から音楽堂やプールまでありました。立派な電蓄もあり、レコードが重なっていて、かかっている曲が終わるたびにそのレコードがポタッと下に落ちて次のレコードがかかります。音楽の授業は中国人の先生で、レコード鑑賞などは皆疲れ切っているのでクラシック音楽を聴きながら休養の時間でしたが、それでも単位をくれました。夜学生には特別、二時間目と三時間目の間に脱脂粉乳のミルクが一杯出ます。昼飯の後何も食べずに学校に来て皆腹が減っているので、この味もないミルクがうまくてありがたく、たまにワラが入っていたりするのも気になりませんでした。

授業が終わるとまたテクテクと歩いて来た坂道を下っていきます。その坂の一番下の海岸ぶちの工業地帯を走っている阪神電車に乗り、寮に着くのが夜の十一時頃。それから戸棚に置いてある夕食を食べます。夏場はまだいいものの、冬場は雑穀がいろいろ入った飯なのでカチカチのパラパラで、味噌汁も冷えきっています。翌朝、また電車に乗って八時まで出社という毎日なので、仕事と夜学の両立は難しく、一年生の時は二百人ぐらいいた夜学生は、四年生になったら五十人、一クラスに減っていました。

当時にしては背が高く、百七十三センチで体もガッチリしていましたが、やはり無理があったのか、四年生になる前頃から病気になっていました。しんどいから始まって、疑いがあるからと鳴門に帰って写真を撮ったら、

「これは明らかに肺浸潤《はいしんじゅん》（1）じゃ。」

と言われ、そのまま入院しました。それでも学校側の温情のおかげでレポートを出したら試験免除などの恩典を受け、特別に四年までの卒業単位を送ってもらいました。

当時は結核患者が多く、それも若い人ばかり二十人ほど入院していました。たまたま同じ病室に俳人がいて、私も前に会社の先輩に短歌をやれと言われて少しだけかじっていたこともあり、俳句を始めました。さらにはその俳人が病院で俳句会を立ち上げ、退院したら皆で句集を出そうと約束しました。それから病院に姓名判断をする人がいて、もともと伯夫《のりお》とい

う名前でしたが、新たに尚史《ひさし》という名前をつけてもらいました。結核はそれまで死病と言われていましたが、ちょうどストレプトマイシン(2)の出だしの時で助かりました。

退院後、昔の中学の先生の紹介で高校の臨時講師の職につき、週に二、三回、午前中に二時間から三時間、基盤五分、商業計算三分、経理二分といった内容で授業をしました。その他にもう一つ中小企業の経理で融通をつけてくれるような所を探し、二ヶ所掛け持ちして働きました。どちらも安月給だったので、その後友達に勧められてそろばん塾を立ち上げ、生徒を連れて鳴門公園にサイクリングに行ったりもしていました。元子の投書がラジオで紹介されたのはその頃です。私もこういう経過をたどっていたので、感銘を受けたのでしょう。元子に手紙を出し、それから文通が始まりました。

(1) X線写真に陰影が見られ、肺結核が認められる状態。
(2) 一九五一年の結核予防法で公費負担の対象となった結核の特効薬。

鳴門

元子の手記より

昭和四十四年、八年の文通を経て米田氏との結婚に踏み切りました。三十五歳にして、結婚なんて一時は予想もしていないことだったので、慎重に考えました。五体健全でも、相手がリウマチと充分理解した上でお嫁さんにしてくれる、心やさしい男性がいるのです。子どもは作れずとも夫婦仲良く暮らしていけたら、リウマチもあてられて逃げ出すに違いありません。

ヴァイオリン教室は自宅も亘理の方も結婚の直前まで続けました。リウマチ友の会の仕事もあるので忙しく、ろくろく準備もできません。それでも時間を見つけてはウェディングドレスを縫い、引っ越し直前には朝日新聞が家に取材に来て、「リューマチに打勝ち結婚へ」と大きく載りました。三月の鳴門での結婚式には両親も兄弟も甥っ子たちも皆そろって出席してくれて、名前も石森元子から米田多江へと一大転換しました。

鳴門へ来て驚いたのは冬の暖かいこと。朝晩冷えても日中陽が差せばシャツとセーター一枚で過ごすことができます。でも逆に言えば夏の暑さの厳しいこと。北国育ちの私は、初めての夏なのでバテないようにと無理してクーラーを入れ、うまく調節して無事に乗り切りました。この辺では日焼けすることを「焦げる」といいます。確かにジリジリと照りつける太陽は「焦げる」の表現にふさわしく、秋に義茂の結婚式で仙台に帰った時にはこんがり焦げた私の顔に皆ビックリしたようです。渦潮と並ぶ名物阿波踊りも直に堪能して、いかにも南国的な情熱いっぱいの踊りに、つい一緒に踊りたくなりました。阿波踊りを練習して関節が動くようになればとも思いましたが、動かぬ肘や手首ではやはりちょっと無理です。

団地といっても都会のそれと違って山際の平屋で小さい庭付き。うぐいすの声に酔いつつ、しゃがめぬ腰を無理にたたんで小さい花壇作りもやっています。町へ出るのに駅まで徒歩二十分の厳しさを、道の梅、桃、桜の花を観賞し、梨、ビワ、柿、みかんの実が育つのを眺め

て紛らわします。

さて、結婚してよかったことはご想像にお任せするとして、困ったのがおさんどん。何しろ仕事にかまけて、台所にロクに立っていない私。テレビの料理の時間や本と首っ引きで、辛すぎるカレーや焦げすぎの焼き魚などの珍事を重ねつつ、どうにかレパートリーを広げています。得意は鰹のタタキ。丸ごとの魚から刺身が作れるようになったのだから、何事も修行だナー。

掃除、洗濯は機械がしてくれるご時世で大いに助かり、テレビ、三食、昼寝付きで、そのまま休養も取るようにしています。うっかり油断すれば、たちまち右足首、左膝、それに手指が痛み出して、釜は持てず、戸も開けられずで、たちまち家事機能に支障をきたすこと必定。リウマチの基礎療法である適度の運動、十分な睡眠、そして栄養にいつも心して体調をコントロールしています。

引っ越してすぐにリウマチ友の会徳島支部の会員になり、理事に留任しました。リウマチ友の会は昭和四十五年に設立十周年を迎え、会員数も設立時の百五十二名から三千三百名にまで増えました。五月二十日には皇太子妃殿下美智子様のお招きで私を含め六名の会員が東宮御所に参上。友の会の機関紙「流」を毎号お読みくださっている美智子様は、一時間半にわたってリウマチ患者が抱える問題について深いご理解を示されました。お土産にお菓子と

菊の紋章が入った「恩賜のたばこ」をいただきましたが、亭主曰く、

「ありがたく吸ってみたけど味は変わらん。」

秋には徳島支部の役員になりました。

「何事もやってみよう。」

の欲張りの私。歩けぬ人には歩けるようになるから頑張れ、結婚に悩む人には世の中には奇特な男性もいるものよ、暗中模索している人には体に合った仕事を身につけたら、なんてつい偉そうなことが口から出て一人苦笑しています。ともあれ、故郷から遠く離れても相変わらず元気に、亭主のお守りと料理と土地の勉強に励んでいます。

ロングヘアー

多江（元子）の手記より

鳴門へ引っ越す際に亘理の稽古場に置いてあった赤いピアノを公子からもらい、指の訓練にと家で弾いていました。するとそれを聞いたご近所からまたも頼まれ、今度はピアノの先生になってしまいました。自分が習ってきた程度なら教えられるし、最近の子は忙しいので私の手に余るほど続ける子はいません。それでもだんだん生徒の数が増えてきたので、正式にピアノ教室を開きました。

そんなある日届いた同病のペンフレンドからの便りに、

「左肘が曲がらないので、ヘアースタイルが変えられず、とても淋しい。」

と書いてありました。

「ホント。」

と一年前の私なら同感したに違いありません。でも今の私は、

「やってみな。」

とはっぱをかけます。

私の右肘が直角に固定してからすでに二十年。利き腕が使えなくなったので大変です。洗面からトイレや化粧まですべて左腕に頼ってきましたが、一番困ったのが食事でした。それでも、まずはさじだけ、それから箸使いを練習して、今では米一粒でもつまめる両刀使いとなりました。

ところが前記の友のように髪にはずっと悩まされました。何年もの間水の江ターキー（1）のように断髪にしていましたが、女性ですもの、これもわびしいと人並のショートにしてパーマもかけました。片手で洗髪するには短い方がいいのです。

セットはもっぱら美容院か妹の手。やっとこ歩く私のために、美容院も親切にパーマの際の湯すぎも洗面器を運んでくれました。思いがけず歩けるようになって、好きな時にセットに出かけられるようになった頃、三人の妹が次々と家を離れ、私まで四国に嫁いできました。

ある日、「殿方はロングヘアーがお好き」と何かの記事が目に入りました。さて私のダン

ナ様はどうかしらと何かの折に探りを入れたら、やはり長いのはイーナーとのこと。

「でも片手で洗うのは大変だから短くてもいいよ。」

と言います。しかし、亭主の好きなナントヤラ。

「一丁やったろか！」

と決心して、昨年の夏から伸ばし始めました。

片手での洗髪も慣れてくると、時間はかかりますが何とかできます。ただ初めての夏には困りました。暑い最中、首筋にかかる毛のウットウしさ。よほど切ってしまおうかとも思いましたが、何とも惜しくて、普通の人なら後ろで束ねるのに残念、と考えました。そこで名案一発。

黒いゴムひもを長くすれば束ねられるかも、と六十センチ用意。首の後ろに回し、その中に髪をまとめてグッとしばります。最初はユルユルのダラダラのズルズルですぐほどけましたが、ずんずんコツを覚えて何とかまとまってきました。でも余ったひもが二本、三十センチも垂れてしまいます。仕方がないので、それを束ねた根本にグルグルと巻きつけ、端が少々垂れるのは無視します。こうして無事髪を切らずに夏を過ごしました。今は四十センチくらいのひもで結べます。

そして昨秋、和服を着るとどうしても衿元の毛がうるさいので、アップセットしてもらいました。生まれて初めてのこと、鏡の中の私は何とも面映《おもは》ゆい限りです。家へ戻って着物を着てエプロンをしたら、帰ってきた亭主曰く、

「ヤア、オバサンになったナ。」

とは、アーショック！　年令が出るんです。

「二度とアップにするもんか。」

とも思いましたが、オバサンでイイヤと割り切って、ときどきアップにしていました。が、また欲が出ます。一人でアップに結えないものか。しかし、これはどう考えても無理。そこで、ヘアピースをつけたらどうかしらと思いつきました。

ヘアピース自体は自分でセットできました。次に自分の毛を少々頭の上の方に束ねます。これは頭の下の方に束ねるよりだいぶ難しく、さらに曲がったままの肘を頭上にあげて毛束を押さえておき、ピンで二、三本留めつけます。そこへセットしておいたヘアピースを留めつけますが、これも片手では辛いとこ。だから留めるというよりまずはのせて、早いとこ

ピースをぐるりとUピンで次々と留めていきます。

私は手首も動かないのでこれもひどく、片手の悲しさ、せっかくセットしておいたピースも留めるにしたがってくずれていきます。でもマア、何とか留めてみると、アップらしき格好が出来上がります。出来栄えはといえば、そう、美容院でセットしてきて四日目ぐらいのところでしょうか。それでも自分で結ったと思うと大いばり。

「これ、一人で結ったのよ。」

と、ニヤニヤする亭主の前で鼻高々の私。マア、そのうち上手になるさとのんきなものです。アップを結おうと鏡の前に座ったら、アップアップと小一時間かかります。何でも辛抱と忍耐ではありります。

でも長くしたおかげで、その日の着る物や気分によって、五種類くらいの髪型を楽しめるようになりました。友の会で売っている長柄のブラシの使い方も慣れて、ヘアバンドだけの森村桂《かつら》スタイル、後ろに束ねて飾り留めをつける、あやしげなアップに結うなど。

肩が上がらない人や、ヘアスタイルなんかもうどうでもよろしいという人はともかく、片肘が曲がらないために淋しい思いをしている人は、どうです？　髪を結ってみませんか？

（1）男装の麗人「ターキー」の愛称で親しまれた女優、水の江滝子。

スナックバー杜

照朗の回想より

絹枝との結婚を決意したのは、一番町の家から鶴ケ谷の市営住宅に転居して間もなくの頃でした。国分町の「スナックバー杜」で簡単なスナックとつまみ、カクテルを作る仕事をしていたので、鶴ケ谷から原付バイクで通うようになりました。お客さんにお酒を勧められたらもちろん笑顔でいただくので、当然帰りは酒気帯び運転になります。絹枝は保母なので、年度が替わって休みやすい五月連休前に挙式したい旨を母に報告すると、

「年が明けたら、挙式前に二人で一番町の家で暮らしなさい。」

と言われました。その方が帰りが安心だと、心配性の母からの提案でした。その際に、

「足入れ婚っていうのだよ。」

と教わりました。入籍前にしばらく一緒に暮らし、意に添わぬ嫁ならそのまま追い出してやる、というのが昔は当たり前だったのだそうです。

東京での二年七ヶ月はズッシリ詰まっていて、人生で十年くらいのボリュームを持っています。東京で自立経験をして、初めて家族を自分とともにしっかりと見つめることができる

ようになった気がします。その前は七人兄弟でおばあさんまでいて、日中は家がヴァイオリンの生徒の待合室になっていて、僕は家族の存在の重さを感じないまま育ちました。

リウマチでツラい目に遭っている姉も、生まれた時から毎日見ている事実であって、姉の不自由さにはまったく何も感じないし、そんな姉と暮らしたおかげで、僕の辞書には最初から「同情」の文字が欠落していました。そのせいか「思いやる」や「気遣う」とかいう文字も薄くかすれて読みにくくなっていて、さらにそれらは相手に対して失礼な言葉の分類にあたる、と注釈が付いていました。

姉を自転車に乗せて引っ張っていると、必然と周りの視線が集まります。

「何で皆そんな目で見るんだろう。」

と子どもながらに「差別」をひしと感じました。それは弱い者に対する同情と蔑視。その矛盾。本人はただ単に一生懸命生きているだけなのに、それが特別視されてしまうのです。ハンディキャップを理由にだめになる人と、それを踏み台にして乗り越えていく人がいて、乗り越えていく人にはいつの間にかそれがハンディキャップでなくなっているような気がします。人間が痛みを感じるのは大切なことで、その痛みに対してどうやって向かっていくのかが、生きるということじゃないかと思うのです。

義茂兄の結婚を機に仙台に戻り両親と三人で暮らすようになってから、ようやく家族に対していろいろと興味を持ち始めました。母はコンプレックスのせいか自分についてはあまり語らない人なので、絡まりをほぐすところから話を始めないとうまくいきません。でも兄弟の中では一緒にいた時間が一番長く、内面的にも深く関われたと思います。

父は、母が三島学園に通っていた時の非常勤講師でした。教壇に立ってはいるが授業はそっちのけで『ああ無情』などのお話をおもしろおかしく話して聞かせ、生徒たちにとても人気があったそうです。いつも父を職員室に迎えに行くのは、級長だった母の役目でした。ちゃんと勉強したかった母は、お話が始まるたびに、

「あー、またか。」

とあきれていたそうです。

僕が生まれた時は、父はすでに四十代後半で、もう丸くなっていて、血気みなぎる父を見るのはプロレスのテレビがついている時だけでした。朝仏壇に経を上げて、

「ありがとうございます。」

と連呼して、三越に行ってビラ書きの仕事をし、帰りに一番町の出店屋台から買った縦縞が透けて見える紙袋に入った砂糖をまぶしてある甘いピーナッツを、ビールでも買ってきたかのようにニコニコして持って帰ってきます。

思春期の僕には、最初に乗り越えるべき反面教師が父親でした。優柔不断で、母に何と言

われようが、いつも何も言わずにニコニコ笑っています。母は心からぶつかっているのに、これは偽善じゃないかと思いました。そんな時に千重子姉とマーちゃんを見て学んだのが、「男が頑張れば家庭は何とかなる」。マーちゃんはスパッと何でも決めて、大きなことを言って、それを実行します。彼の発言は、石森の発言にはありえないのです。それが新鮮で、母もマーちゃんの人格を父より上に評価していたと思います。ひょっとしたら、男はこうでなければだめなのかなと思いました。

家が狭くて父と同じ布団に寝て何度も何度もオネショをして面倒をかけた自責の念が、かろうじて父を見る目を「反面教師」程度にとどめてくれたのかもしれません。オネショ。これは僕の人格形成に大きく関わったことの一つです。いつも夜中に大騒ぎ。まず布団が冷たくて父が起きます。僕も起こされます。起こされると、お尻が生温かく湯気が出ている感じです。眠いふりをしながら観察すると、母が慣れた手順でぬれたシーツを剥がし、きつめに絞った雑巾でほんのり香り立つ敷布団を拭き、今度は乾いた雑巾で強めに拭き上げていきます。次に布団の上に新聞紙を敷き、その上を白い水玉模様の青いビニール風呂敷で覆い、最後に新しいシーツを敷いてやっと準備完了。僕は、お尻にへばりついてなかなか脱げないパンツとパジャマからやっと脱け出すと、もう出るはずもないのにトイレに行かされ、専用の手拭いで前と後ろをキレイに拭いてもらい、

「もうオネショはできない！」

と強い決意を胸に、いつも見る抽象的な怖い雰囲気の夢の中に引き込まれていきます。

自分の意識とはまったく無関係に漏れてしまうので、自分の責任とは思えず、被害者の意識しか持てませんでした。コントロール不能の出来事なのに謝るなんてとんでもなく、むしろやさしく慰めてほしいくらいです。高校生になって読んだ本の中で「不条理」という言葉と出会った時、真っ先に頭に浮かんだのがオネショでした。夕食になると水分制限の言葉が飛んできて、スイカをもう一切れ、みかんをもう一個、それをぐっと我慢します。僕は当事者で臨床データをたくさん持っているので、スイカやみかんとの因果関係はほとんどないと知ってはいるものの、まったく反論できる立場ではありません。この不条理は中学生まで続きました。後になってから父もそうだったと聞き、遺伝だとわかりました。でもオネショのおかげで、

「自分の尺度で他人を測ってはだめだ。自分にはわかっていない他人の思いというのが必ずあるのだ。」

という基本を身につけることができました。

仙台に帰ってすぐ、仙台ホテルに入社しました。コックを希望していたものの、よそ者扱いで宴会ウェイターとして滑り込みました。入社してみると、そこでは東北一の看板にホテ

ルも社員もあぐらをかき、魅力的な人間も数えるほどです。ウェイターの仕事をしながら料理に関する勉強を続け、後輩を育てて刺激してやり、その後ページボーイに配置換えになりました。ページボーイは、ホテルの玄関口に待機して訪れたゲストに最初に笑顔で挨拶する、いわばホテルの第一印象です。ゲストの荷物を持ってフロントへ案内し、チェックインが済んだら部屋まで案内して一通り説明します。チップは基本お断りしますが、雰囲気によってはゲストのプライドを損なわないようにいただく場合があります。さらに顧客の場合はどんな要望でもひたすら応じ、駅に切符を買いに行ったり、薬を買ってきたりと、小間使いも引き受けて優越感を満たして差し上げます。チェックアウトでは再び笑顔でお送りして、非礼があっても機嫌よく帰っていただきました。その次は調理部に入り、コーヒーラウンジの一部でアイスクリームを作ったり、ラウンジのプディングを焼いたり、ラウンジのデザートを受け持っていました。

その頃、幹朗兄は夫婦で母が眉を

靖朗の七五三を祝う幹朗とよし子

ひそめるキャバレーに勤め、家が靖朗君の夜間保育所に変わり、嫁姑はしっくりいきませんでした。よし子姉は自分の店を持つことに意欲的でスナックの開業準備中だったので、キャバレーからの脱却と同時に僕が世話になることで母の力を弱め、さらに安心感も得られるというわけで、ここぞとばかりに仙台ホテルを辞めました。ホテルで接客の技術とおもしろさはわかっていたので移行は容易でしたが、お酒に弱いのでそこが努力の必要なところでした。

　お客さんはよし子ママの顧客がほとんどで、医者や学識の豊かな人、個性的な人が多く、カウンター越しにお話をうかがえて肥やしになりました。当初はレコードプレーヤーでBGMを流していましたが、その後に出回ったばかりの8トラックのカラオケを導入したら、皆歌い出しました。小学校の音楽の時間には皆人前で歌うのを嫌がっていたのに、とても不思議でした。もちろん僕も歌いました。というか、お客様のリクエストで好みは無視して歌わせられました。課題のお酒は案ずるほど

でもなく、カウンターの中にいれば酔いが回って困ることはありませんでした。カウンターの外に出ると一気に酔いが回ります。でもバイクに乗っている間は酔いが覚めました。

絹枝とは高校の時に演劇活動を通して知り合いました。彼女は仙台女子高に進学した時からハッキリと保母を目指していて、日中は東二番丁小学校で図書館の司書として働き、夕方学校に通って生徒会でも活躍し、小学校にお客様が来ると開化庵に和菓子を買いに来たりもしていました。中学の憧れの先輩が将来の進路の話をしていた時に初めて保母という職業を知り、その時は、

「先輩と同じお仕事！」

と漠然と思っただけだったのが、後からいろんな巡り合わせが重なって、憧れのオマケだった「保母」が具体化しました。

中学の時から演劇にも憧れて、高校生が立ち上げた劇団に参加していました。たまたまその練習会場に借りていたのが保育所で「巡り合わせ」。そこには子どもたちがいて、保母さんが世話をしているのを目の当たりにしました。戦後復興期には男手が少なく、道路の舗装工事にも母親たちが子どもを帯で背中にくくって、頭がガクガクするのもお構いなしで働いているような光景が至る所にあり、彼女の脳裏に刻まれていました。六人姉弟の二番目だったので、弟たちの世話は必然的に体験済みです。近所にも子どもはうるさいくらいいっぱい

いて、世話を頼まれることも普通にありました。六人の母親が働く時に一人が六人の子どもたちの世話をして、五人分の収入を六等分していたのが自然発生的な保育の始まりと聞いています。

宮城県には保母の資格を取得できる夜間の大学がなかったので、勉強を頑張って埼玉県熊谷市の立正大学保育専門学校に入学しました。名前が熊谷絹枝だから、これも「巡り合わせ」。昼間は片倉工業の絹糸工場で働いて、夕方から保育の授業を受けました。

寮に入って十五畳一部屋に四人での生活。朝五時から仕事で工場に入り、朝食休憩を挟んで一時まで頑張ります。身体に繭を煮た臭いがついているので急いでお風呂に入り、やっと自分の時間が訪れます。洗濯をしたり、おしゃべりをしたり、勉強をしたりして、六時からの授業を目指して二十分バスに乗って学校に行きます。身体に染みつ

片倉工業熊谷工場

いた臭いはお風呂に入っても取れるものではなく、バスや人混みの中では、「工場の人だ！」とすぐにわかってしまいます。夜九時頃に終わり、最終のバスに乗って寮に戻ります。翌朝また五時から仕事で、その繰り返しです。

学生自治会の活動で遅くなってバスに乗り遅れると、山道で歩いては帰れないので、会社に電話して当直の社員に迎えに来てもらいます。通常の社員、寮住まいの社員、寮住まいの学生、工場と学校など、いろんな人の立場が複雑に交錯していて、環境や条件を改善するために会社や学校と幾度となく話し合いを重ね、会社にバスを買わせて通学の安全を確保したりもしたそうです。

卒業前の実習は仙台に帰り、ここでも「巡り合わせ」。偶然選択したのが宮城県中央児童相談所で、そこに義茂兄がいました。また、保母になるにはピアノを弾けることが絶対条件ですが、年少の頃から勤勉と勤労に明け暮れ、ピアノの「ピ」の字にも関わりを持てずに進学したので、音楽の授業で初めて鍵盤に触ることができました。ここでまた「巡り合わせ」。ピアノ担当の教授が、昔幹朗兄が進駐軍を慰問した時にコンビを組んだ黒沼幸子さんのお父様、黒沼幸四郎先生でした。仙台の東北学院でパイプオルガンを弾いていたとのお話から、絹枝が仙台出身であることとつながって特別にかわいがってくださり、レッスン中も仙台の話で盛り上がってあまり進まなかったそうです。試験でつまずいても合格点をいただきスルーしてしまったおかげで、卒業式では総代で卒業証書を授与され、仙台に明るく元気ですてきな保母さんが誕生しました。

ちなみに僕が最初に「保育所」という言葉を聞いたのは、父が千重子姉の勉強を見てやっていた時で、

「母子寮、保育所。」

と覚えさせていました。その言い方がおもしろくて、まるでくしゃみをしているように発声するので、何のことかわからないままそばで聞いていて覚えてしまいました。

披露宴に出席してくださった高校時代の先生が、スピーチで絹枝のことを、

「一人で圧力団体。」

と表現したのには皆大笑いでした。「くま」と呼ばれて先生たちから恐れられていたそうですが、しょっちゅう職員室に出入りしてかわいがられていたリーダーの言うことは聞くしかなかったのでしょう。

リウマチ軍の反乱

多江（元子）の手記より

五月中旬、三月から続いたいろいろな仕事や行事が一区切りつき、

「サテ、少し働きすぎた。少し休息するか。」

と気が緩んだのは確かです。この八年ぐらいはリウマチも暴れるチャンスがなくて、隙を見計らっていたのです。リウマチ治療の基礎である、一、十分な睡眠、二、十分な栄養、三、適度の運動のうち、一と三をサボっていました。朝六時には起きなければならないので、絶対昼寝はいるし、動きすぎました。そこを狙われたのです。

この八年間ほとんど健康人と変わらない生活を取り戻し、仙台から鳴門へ嫁いで五年目になります。我ながらよくもマアこんなに人並に、いや、ある面では人並以上によく動けるようになったもんだと思います。四月末に友の会の総会で上京した時もすごく元気で、パンタロン（1）をはいてさっそうとしていました。固定だらけの体に見えますか、とうぬぼれていました。ここを突かれたのです。

そう、五月のある日、ほとんど痛むことを忘れていた左足首に、昔懐かしいジンワリとし

た痛みがよみがえりました。これはチトいつもの痛みと違うなとイヤな予感。毎日少しずつ痛みがひどくなり、足を引きずるようになり、踏ん張りがきかなくなってバスや自転車に乗れなくなり、立つのが大変になってきました。

私は薬を何年も常用していません。私の体は副作用にひどく敏感で、過去にプレドニンでは死にはぐれ、インダシンでは全身薬疹で一ヶ月かきまくりました。しかし、こうなっては仕方ありません。副作用はほとんどないからというポンタールを一ヶ月服用しましたが、やっぱり全身に薬疹でカユイカユイとなって中止。それで、昔飲んだことのあるEA錠に変えたら、今のとこ大丈夫そうです。飲んでいれば足も軽くて何とか歩けますが、調子がよくなったと思って薬を切ると、たちまち動けません。当分EA錠の厄介になるしかないようです。足も軽くといっても、ヨイコラと物につかまって立ち、やおら体重を足に慣らしてからヨタヨタ動き出して、少しずつ調子が出てきます。いったん休んだらまた立てません。昔もこうだったネー。

この五年間、体力増強にとセッセと自転車を踏んでいたのに、それがだめとなると山深い団地にいては何かと不便です。鳴門へ来てから車はやめていましたが、また軽自動車を買うことにしました。今の交通事情を考えると五年のブランクは大きいので、初心者マークをつけて久しぶりにハンドルを握りました。これで買い物も病院もOKです。車までヤットコたどり着いても、乗ってしまえばこっちのもの。アー、昔もこうだったナー。

罨法は気持ちのよいもんです。私は食事の時、昼寝の時、縫い物や書き物の時など、足を休めていられる時はいつも罨法をしています。まずタオル二枚を湯沸かしの湯で絞ってからレンジで一分加熱し、アツアツのおしぼりを作ります。これで足首を巻いてポリ袋をかぶせ、バスタオルで包んで三角巾でしばります。アーかの昔、母上が手を真っ赤にして熱いタオルを絞っては、毎日毎日、一日に何度もしてくれたっけ。ありがたい、ありがたい。

私の足首は直角に曲がりません。杖が取れてからもかかとの高い履物を履き、畳の上はつま先の力がついているのでつま先立ちで歩いていましたが、今はだめです。畳の上でも上履き用サンダルを履いています。昔もこうでした。懐かしいナー。

割と落ち着いていたこの八年の間だって痛みはありました。膝や肘のサポーターは離せず、指の包帯は取れず、股関節にはカイロがいるし、肩も冷やせば動かなくなります。ただこれまではリウマチの奴、己が存在を私に忘れさせない程度にゴソゴソ動き回っていたのですが、今回の反乱ではドッカと足首に座って動きません。こんな時は、慌てず騒がず、波の静まるのを待ちましょう。こんなのは慣れているんです。この頃は足を引きずって歩くのもすっかり定着しました。何かにつけ昔を思い出しては、

「アーラ、懐かしいネー。」

と笑っている余裕はあります。

「生涯、同病者のために働け。」

と神様は私を再び歩かせてくれたのだとの信念のもと、二年前から私の体験を一番生かせる、お手紙による相談部を友の会で受け持っています。日頃偉そうな養生訓を書いている私としては、弱音など吐いていられマスカ！　今改めて昔の体験を再現し、忘れかけた辛さを思い出し、リウマチそのものを勉強し直している感じがします。

（1）一九六〇年代末から七〇年代にかけて流行した、膝から裾に向かって広がっているスタイルのズボン。

山形

公子の手記より

二人の子育てをしながら近所の子どもたちにピアノを教えて暮らしていましたが、昭和四十八年に武彦が転勤になり、家族四人で山形市東原町の公務員宿舎に引っ越しました。鷺ヶ森の家は義父母二人だけになると淋しいので、ピアノの生徒を仙台に六、七人残し、レッスンを兼ねて毎週末子どもたちを連れて仙台に帰ることにしました。毎週土曜日のお昼に専称寺の境内にある大谷幼稚園に友紀を迎えに行き、学校から帰ってきた弘明と二人を連れて仙山線で仙台に行き、土曜の夕方と日曜の午前中にレッスンをして、午後山形に帰ります。これをほとんど休むことなく続けました。

電車の中ではよくトランプやしりとりなどをして遊びました。仙山線の四季は心に焼き付いています。春の桜、秋の紅葉、冬の雪景色。夏の終わりになると、電車の窓からよく蛾が飛び込んできたものです。途中下車した山寺の広い橋の端に大きな蛾がびっしりと張り付いていて、びっくりして子どもたちと一緒にキャーキャーと声を上げて逃げたこともありました。

毎週仙台に通っていながら、忙しくてなかなか実家の両親に会いに行くことはできませんでした。その代わり、何か行事があるたびに声をかけると、喜んで山形まで遊びに来てくれました。長井あやめまつり、薬師祭、植木市、花見、芋煮会、近くにある「もみじ公園」の紅葉など、弟や妹もくっついてきて、山形の料理を作るといつもおいしいと言って喜んで食べてくれました。珍しさもあったのかもしれませんが、うれしいものでした。

山形に引っ越して間もなく、ＡＦ２という食品添加物が使用禁止になったと報道されました。そのＡＦ２がスーパーで買った油揚げからも見つかったと知り、これをきっかけに山形市消費生活センターの講座に通い始めました。弘明は第五小学校に入学して学校給食を食べていましたが、折しも給食のパンに入っているリジンの発がん性が問題となり、全国で追放運動が始まっていました。食品添加物の安全性にどんどん興味を持ち、日本消費者連盟の『消費者リポート』や高橋晄正《こうせい》氏の『食品公害のしくみ』などをむさぼるように読みました。

山形市では一つのマンモス給食センターで三万食近くも作るので、おかずはハンバーグや肉団子から焼き魚に至るまで真空パックになっていて、子どもたちはそれを食いちぎって開けて食べていました。米どころの山形でも米飯給食はなく、お椀もなく、プラスチックのランチ皿に先割れスプーン一本で何でも食べます。キャベツは機械で千切りしてから合成洗剤で洗い、水ですすぎ、さらに次亜塩素酸溶液に浸して滅菌します。デザートは合成着色料で色とりどりに染められています。資料があまりないので消費生活センターに要望していろいろな情報をもらい、消費生活モニターなどの役をもらったり、全国会議に出席させてもらったりして、少しずつ知識を深めていきました。

昭和五十一年に東原町から大の目の公務員宿舎に移り、子どもたちは鈴川小学校に通うようになりました。そこで内海さんと杉さんに出会って意気投合し、トリオで「学校給食を考える会」を結成しました。実際に学校給食に納入される食品を調べ始め、メーカーを見学したり、学校と話し合ったりして、「より安全でよりおいしい給食を」と改善を訴えながら活動を続けました。

やがて、パンに広く使われている臭素酸カリウムという食品添加物に毒性があると報道され、全国でまた追放運動が始まりました。臭素酸カリウムは給食パンにも使われています。日本消費者連盟の応援でビラまきをしたり、市の消費生活課のお膳立てでパン業者と話し合ったり、山形市消費者連合会の後押しもあって市長への要望を出したりした結果、ついに昭和五十六年三月、臭素酸カリウムの給食パンへの使用禁止を勝ち取りました。学校給食を考える会の代表をしていたため、テレビや新聞に駆り出され、武彦に怒られてしまいました。

そして四月には武彦が再び転勤になり、仙台に戻ることになりました。仲間に平清水焼セットを記念にもらい、八年間の思い出を胸に、皆に送られて山形を去りました。

父の遺産

たみ枝の手記より

リウマチと私の付き合いは長く、まず父が若い時からリウマチで、その父が亡くなるちょっと前に長女の元子が発病しました。ちょうど戦災直後で、彼女が小学校六年生の夏のことです。結局二十年歩けず、楽しいはずの青春時代はリウマチに完全に食われ、やっと何とか歩けるようになった頃、リウマチ君、私に宿替えしてしまいました。

その長女が縁あって嫁いだ年から私のリウマチはどんどん進行していきました。最も悪い所はだいたい右手と足首です。娘もお世話になった東北大学の鳴子分院に二、三度行きましたが、時間及び距離的にいろいろ不便です。そんな時、ちょうどリウマチ友の会の東北支部大会があり、そこで知り合った会員に市内の病院を紹介されて通ってみました。一年通いましたが、ずっと寝ることとも起きることも一人ではならず手を借りる始末です。熱は三十七度から八度が二ヶ月以上も続き、とうとう入院に踏み切りました。

二十何年娘のリウマチとともに過ごしてきながら、大勢の子どもたちがいるためあまり病気の娘に手が届かず、決してよい親ではありませんでした。おそらく幾度か、ああいう時に手を貸してもらったらと恨めしかったと思います。とにかく自分で経験しないと病気に対して本気になれず、まったく後悔の念にかられています。考えてみると、私のリウマチは娘のとはちょっと病状が違う感じがします。もっとも年齢からいっても当然のことでしょう。

リウマチはやはり温めることが一番だと思います。娘の時もちょうど敗戦直後なので、手が痛いとただすっぱいだけの白い罨法薬を薬局でもらい、洗面器に熱いお湯を入れて溶かしてタオルを浸し、患部に乾いたタオルをあて、その上に熱いタオルを絞ってあて、またタオルをあて、その頃はビニールなんてなかったので油紙をあて、それを何度も取り替えます。私の手の皮はすっかり厚くなり、少々の熱さはもうこたえませんでした。そんなことの繰り返しでよくなったので、たびたびそれはやり、他に麩の粉のようなものでやはり熱くして温める方法などもありました。今でもどちらの先生もまず温めるということをお話なさいますが、当時も同じだったと思います。

それから娘は夏でも足袋が離せず、一年中履いていました。物資すべて切符制のため、配給に頼ると何足もないので、すぐ切れる布でもそれで足袋を作って履かせました。もちろん私は丸二年、厳寒時でも一足も足袋なしで過ごしました。しかしリウマチに侵された今、夏の暑さの中でも履かないとすぐ翌日にこたえます。今は体裁のよいソックスやらいろいろあるので幸いですが、とにかく病気に対しては自分で自分を守っていかなければなりません。

娘が治った時、何を飲んで治りましたかと聞かれ、私は返答に困ってしまいました。石森一家は薬が大嫌いで、まったく飲みません。私も薬を飲むなら食べた方がよいという、私流の持論でやってきました。幸い娘は今のところ治って私生活を楽しんでいますが、私が自分で体験して初めて、眺めても食べてもだめだとわかりました。食欲もまったくなくなりました。リウマチとは血液の中に何か怪物君がいて、関節のところで血管を通りきれずに暴れている感じで、やはり薬でなければどうしようもないのだとつくづく悟りました。

医師の指示に従い、飲んだことのない薬を飲み、結局二度も入院しました。果ては病院のベッドで天井を見つめながら、どうやったら楽に死ねるかなどと、馬鹿なことを真剣に考えたりした時もありました。しかも二度目の入院の時に病院から出された内服薬の副作用がひどく、以来私はすっかり薬恐怖症になり、今でも飲んでいません。

その後病気の方は徐々に進行しましたが、昭和五十年二月から労災病院でシオゾールをやってだいぶ落ち着き、現在に至っています。もちろんシオゾール注射の副作用も何度かありましたが、良薬は口に苦しの例だと思い、今でも定められた間隔で続けています。でもこのままよくなるのではなどと甘い考えは持っていません。十年も病んでいると、関節の痛みや動かすことの不自由さなどにはすっかり慣らされて、発病当時の驚き、痛みのようにはあまりこたえなくなります。殊更、血沈（1）なども数少なくなると、よくなってきているのかと錯覚を起こしがちですが、実際私の手足の指は徐々に変形してきています。毎年梅雨時から夏の終わり近くまで微熱が出てもの憂い日が続くような時、改めてリウマチという名の重みに負けそうになります。

しかし落胆することばかりでもなく、身近に何人か治られた方たちがいることを知り、さっそく訪ねてどのようにして治られたかをうかがうと、皆様同じように何が効いたのかわからないとおっしゃいます。わからずとも不治の病と決めつけてきた私には、何となくトンネルの先のほのかな明るさに救われるような思いを抱くこともあります。

お天気に左右される時にも、医師の指導とまた自らを守り血液をきれいにする食事療法など何種類かを同時に行い、生きる希望を失わずにいくことが一番かと思います。とにかく難病なので欲張らずに、日常生活が人に頼ることなくできるようになれば最上と思われます。リウマチをよく知り、病気に支配されず、逆にうまく操れるようになり、昨日より今日と一ミリずつでも光を増やして希望を広げていけたらよいのではないでしょうか。決してリウマチにべったりにならず、何か趣味などを持って病気と量りにかけ、病気の方の目方をずんずん減らしていくことが大切なのだと思います。

（1）赤血球が沈む速さで体内の炎症の度合いを調べる血液検査。

リハビリとともに

多江（元子）の手記より

「お仕事は？」

と聞かれて、遠慮がちに、

「ピアノの先生デス。」

と答えると、私の手の変形を知っている人は、一瞬不思議ともあきれたともつかぬ顔をします。それもそのはず、私は身障三級です。「一寸見《ちょっとみ》」にはわからないかもしれませんが、現在の私、両足首強直、左膝亜脱臼、右肘は直角に固定しているので顔に手が届かず、食事も洗面も左手です。両手首も強直、首も後ろを向きません。


六年前に再燃して歩けなくなり、一年ほどで復調しましたが、指がまた少し不自由になりました。もともと固定して動かない指が四本もあります。ピアノもオクターブどころか右手は五度の音程をとるのがやっと。音階もスラスラ弾けません。こんな手でマア、と我ながら思うのですが、ピアノの先生になって十年、その前にヴァイオリンの先生を十五年もしていたのです。

ピアノのレッスンは週四日です。常に一定数の生徒がいるということは、リウマチの手の先生でも、一応の評価はされていると思っています。もっともハンディがあるから月謝は安くしているのが魅力かもしれません。ともかくこれまで私の仕事はリハビリとともに来ました。しかし将来を展望する時、いよいよピアノの先生が無理な時が来るのは考えられます。常に再燃を考慮しなければなりません。

ピアノのおさらい会で

授産施設や身障者の職業訓練所があっても、リウマチ患者はなかなか適応できない人が多いのが現状です。力の要る仕事や流れ作業ができないため、どうしても仕事が少ないのです。身障者の雇用が叫ばれている中で、リウマチ患者の仕事はまた一段と難しく、同病の仲間が集まると、仕事に就けない悩みが必ず出ます。再燃、手術を繰り返したり、徐々に進行していく体を持っていると、つい気が弱くなり、意欲をなくしていく人が多いようです。

幸いに私はよい親と弟妹に恵まれ、身を立てるために頑張ることができました。長い間病を持っていると、その間に何度かよくなるきっかけがあるようです。それを上手に生かすか逃すかで、ずいぶんと将来が変わるような気がします。私の最初のきっかけは、父の大病と商売の失敗でした。そのために家屋敷を処分して、街中の小さい家の二階暮らしとなりました。膝をついて急な階段を上り下りするようになり、運動量が増えました。第二のきっかけは、右膝にばい菌が入って手術したことです。膝をつくのが怖くなり、かかとの高いサンダルを履いて立っている時間が増えました。第三のきっかけは、亘理に出張稽古をするようになったことです。運転免許を取って車を買い、ずっと行動範囲が広がって体力がつきました。そして第四のきっかけが鳴子入院です。本格的な温泉治療をして、一人で歩けるようになりました。

今は永久就職もして、理解ある亭主もいるし、身障者としては大変特異な仕事を持ちました。

「何でもやってみよう。だめだったらまた次のことを考えて。」

と常に欲深くやってきました。人には何かしら取り柄があります。意欲的に自己開発し、花を咲かせてほしいのです。

「弱気を起こさず何かに取り組み、少しずつ自信を積み重ねてほしい。」

と、私はいつも仲間に言っています。

「私は特別な才能は無いし、頭も悪いし、何もできない。」

と自分の能力を引き出すどころか消極的になる人に頑張ってほしいから。

五年前から週に一度、鳴門市消費生活センターの相談員として出勤しています。婦人学級で消費者問題の勉強をしたのがきっかけで消費者団体に加入し、そこで活動している間に推されました。日常の買い物の苦情の処理や指導は机の前の仕事です。体は不自由でも幸いに目、耳、口は達者ですし、体を動かす仕事は私の体を理解している相談員仲間がカバーしてくれます。万が一また歩けなくなったとしても、嘱託のこの仕事なら一応専門職なので、杖をつく身になっても継続させてもらえるかもしれません。たとえだめでも、車を動かせなくなったとしても、家の中で何かまたやり出すかもしれません。お金につながらなくてもよいではないですか。昔、歩けなかった頃も、死にたいと思う前に、何とかしなければと頑張ってきたので、どんなことが来ても怖くありません。身障者の皆さん、残された部分を大事にして、それを活用し、気力を充実させましょう。明るい笑顔で、健康な人に負けない精神力を作りましょう。

ヨーロッパ

多江(元子)の手記より

歩けなかったのが歩けるようになり、結婚もして、もう夢はないはずが人間は欲張りなもの。リウマチ友の会の友人たちが車椅子ツアーで海外へ行くたびに、私もいつかはなんて夢を見ます。でも健常者と一緒では体に自信がないし、友の会で案のあったツアーもお流れとなった昨春、島田理事長から送られてきた旅行案内は、六月ドイツでの国際リハビリ会議と各国の身障施設視察のツアー。同行の十八名は医師、理学療法士、身障施設や福祉団体の先生方に加え、車椅子の俳人、花田春兆《しゅんちょう》氏ご夫妻です。これなら私でも安心して参加できます。ただのお遊びではないし、聞こえもよいではないですか。このチャンス逃すまじ。

幸いに亭主もこれならと許可してくれましたが、問題は私です。三月にピアノ教室の発表会を終えてから神戸の友の会全国大会、五月末の徳島支部総会と大きい行事が続き、リウマチの痛みこそ少ないものの、体調は最低。各種の検査の結果は疲労と更年期障害との診断でした。そうなればあとは気力だと踏ん切りをつけ、旅行準備もソコソコに、何もかもギリギリに間に合って（パスポートも出発二日前にできるヒドサ）、成田を発ったのが六月十八日

夜。ジャンボ機に座った途端、

「やったー！」

と心の中で叫びました。

さて今回の日程は、ドイツのデュッセルドルフで四日間の会議、デンマークのコペンハーゲン、ロンドン、パリで施設の視察、最後にスイスでお遊びとなります。まずはデュッセルドルフで「REHA '81」という国際リハビリ会議と公開討論会がありました。一九八一年は国際連合が「国際障害者年」と指定した年でもあり、身障者と健常者とのパートナーシップ、生活環境、就労問題などについて専門家が発表し、身障者、専門家、政治家などが問題点をいろいろなテーマで討論しました。言葉はドイツ語、同時通訳は英語です。我々は現地の日本人通訳のお世話になりましたが、これはとても大変で、会議の内容をすべて理解するのは困難です。でも福祉先進国であるヨーロッパ各国においても、やはり住、仕事、仲間作りなどの面でまだまだ悩みがあることがわかりました。

会議場とは別にリハビリ機器の展示場があり、私はそちらの方に興味がありました。難しい会議は言葉のわかる先生にお任せして、私は備え付けの電動車椅子を借り、会場を一人でスイスイと見学して回りました。会場の広いこと。まず目につくのは、車椅子と車椅子の人を運ぶ自動車の種類の豊富さです。色、形、機能がさまざまで、私も身振り手振りで試乗しましたが、他に台所、トイレ、浴室、階段のリフトなど、大変便利にできています。これだけ設備が整うと、苦労して車椅子から立ち上がる訓練をせず、皆車椅子に乗せられてしまいそうだと心配になるほどです。それなのに自動ドアの展示が人だかりになっているのは、自動ドアが珍しくない日本では考えられません。会場の内外は各国の老若男女の車椅子の人々でいっぱいです。しかし、いくら車椅子で便利に暮らせる設備ができても、私自身は杖をついても自分の足で歩ける身でいたいと願いました。

この後コペンハーゲンで身障者の職業訓練学校、ロンドンではリハビリで世界的に有名なストーク・マンデビル病院とレンプロイ社の視察と続きました。ストーク・マンデビル病院では第二次世界大戦後にルードヴィヒ・グットマンというドイツ人の医者が負傷兵のリハビリにスポーツを取り入れ、一九四八年のロンドンオリンピックの開会式の日に入院患者によるアーチェリーの競技会を開いたのが、パラリンピックの始まりなのだそうです。レンプロイ社は負傷兵や職業病に侵された炭鉱労働者に仕事を提供するために設立され、全国のレンプロイ工場で身障者を雇っています。そして憧れのパリでは病院と学校が一緒になった身障児の施設を見学し、ちょうどパリで開催中の国際リウマチ学会の会場前を通りました。どこも広いので私は車椅子をいただきましたが、そこは日頃車椅子を扱い慣れておられる同行の方々ばかり。花田氏と私は申し訳ないくらい皆様のお世話になりました。

さて、リウマチ身障者の私としては、各国で視察した施設の中でリウマチ患者はどのようになっているかに関心がありました。コペンハーゲンの学校にはリウマチの人はいたことがなく、ロンドンのレンプロイ社の社員も肢体障がい者と知的障がい者のみでした。質問してみたら、リウマチの人もいるが病状の変化で永続的に働けず、病状に合わせて就業時間も短縮され、休業になっているといいます。どこもリウマチには厳しい状況です。ストーク・マンデビル病院にはリウマチ患者が大勢入院、通院していて、友の会に似た活動をする団体があると日本人看護師が話してくれました。広大な敷地に平屋の建物が八方へ延びた院内で、会うことができなかったのが残念でした。

同行の先生方のお話では、治療設備に関しては今の日本も決して負けず、昔はともかく現在の日本の医療設備には自信を持たれたようでした。学ぶべきは医療、各分野のコミュニケーションと患者との人間関係であるとおっしゃっていたのが心に残りました。

これらの視察の間には観光も組み込まれ、ドイツでは古い教会のミサですばらしい教会音楽に聴き惚れ、ケルンの大聖堂、ボンのベートーベンの生家などを巡り、音楽教師の私としては大満足。その他の都市でも観光のサワリの部分は見物できました。土産物店にも寄り、荷物にならないような安くて小さくて軽い品を選んで少量の買い物もしました。

ところでパリで通訳をしてくれた女性がリウマチさんで、今は好調だが手足が痛くて大変だったとのこと。パリでどんな治療をしているかと聞いたら、薬よりも菜食を主とした食事療法をしている由。バランスの取れた食事を心がけている身には、考えさせられました。最終日のスイスは好天に恵まれてモンブラン山頂までケーブルで登り、十二日間の旅を終えて日本へ。

というと何事もなかったようですが、実は北極まわり十五時間の機内での座りづめ、時差ボケ、寝不足、空港の広さと、ヨーロッパにいる時より往復の旅がこたえました。最初の四日ほどは足首に痛みが出て、かねて用意しておいた貼り薬を使い、浴槽で朝晩罨法し、どうやらロンドンからもち直してヤレヤレ。食事は出たものは残さず食べ、ホテルではよく眠り、同行の皆様の親切と車椅子のおかげで無事帰れましたが、その一週間後、肉体的な疲れが取れた頃から、またジワジワと足首が怒り出しました。いつもの家庭用パラフィン療法でも治まらず、私の使える唯一つの薬、アスピリンを何年ぶりかで服用するはめになりました。

夜中にうずいて寝られないのも遠い昔を思い出させましたが、検査上は血沈も諸データも正常。疲労による一過性の炎症との診断のとおり、二ヶ月痛みが続いて歩きにくかったものの、無事に治ってホッとしました。この旅行の話が出た時、

「帰ってから歩けなくなっても行きタイーッ。」

なんて願ったのですから、今更文句を言う筋合いはないのでした。

今回ずっと同室でお世話になった理学療法士の女性の先生は、私が入院していた鳴子の病院にもおられたことがあり、当時入院中の島田理事長の治療もされた由。そんなご縁もおもしろく、福祉団体の方々が花田氏をさりげなく介助する奉仕ぶりに頭が下がり、日頃リウマチ以外の身障者と接する機会のない私にとって、今回各方面の方々と同行できたことで、大変よい勉強になりました。そして、コペンハーゲンの王宮の玩具の兵隊のような近衛兵、チャールズ皇太子の婚礼を控えて賑わっていたロンドンの街、雨のパリの夜、ノートルダム寺院のそばのシャンソン酒場でワインを飲みながら一緒に歌ったシャンソン、雪嶺《せきれい》の寒さ、白夜の北極の氷海のキラメキ、アレコレ楽しい思い出を各国のコインとともにアルバムに収めました。

そしてオマケとして、余暇に消費者運動もしている私。今取り組んでいるゴミ処理に絡んで、各国の町角で見つけたゴミ容器や収集車をカメラに収め、先々のトイレで集めたトイレットペーパーはお国の事情をよく語り、紙質、幅、色さまざまで、土産話や資料となりました。機内食にうんざりした飛行機内が辛くて、飛行機はもうゴメンと思ったのも半年、チャンスがあったら……と夢が膨らみだしています。

思い切って出てみよう

多江(元子)の手記より

いつも手元に届く各支部の支部報を読んでは、私らしくないタメ息をつきます。同じような内容の行事をしながら、どうしてこう徳島支部は近頃人が寄らないのでしょう。

「ウワーッ、一泊一万〇千円の旅行だって！　一泊総会だって！　〇十名参加だって。ヘーッ！　ウラヤマシイー！」

私の心の奥からの叫びデス。

二年前に徳島支部長を引き受けた時は、期待に胸を膨らませていました。

「雨にも負けず、湿気にも冬の寒さにも負けず、痛い体にムチ打って陳情に、請願に、啓蒙に走り回らず、運営資金の心配もせず、全県に支部と専門病院と友の会集会所を持ち、いつでも相集え、体に合う楽しみごとを伝え、教え合い、労わり助け合いつつ旅行もし、外出できぬ友を見舞い、手をつないで明るい療養生活に専念する、そんな会にしたい、と夢み、願っています。」

ところがここ三年ほど、徳島支部は何の行事を企画しても人の集まりはかんばしくありません。ジリ貧。昔より楽しいプランを加えてやっているのに、何が原因なのか、役員会を開いても皆首をかしげるばかりです。会員のアンケートを見ても回答は出てきません。

理事の職務がら各地の支部へよく招かれますが、車椅子の人が堂々と参加されているのに、徳島の人は引っ込み思案なのかしらと歯がみします。でもここ二年ほどは私がドイツに行って再燃したり、引っ越し疲れで先頭に立てなかったのも反省材料だナー。

しかし他支部ばかりうらやんでボヤいても始まらん、五人でも十人でもよい、久しぶりにやったろカー、と役員会で決議。徳島市から一時間ほど山奥の神山温泉への日帰り懇談会を発表しました。

よくて十五人と踏んで、マイクロバスでは赤字だからと一般バス代と同じタクシー分乗での企画ですが、なんとなんと二十五人の申し込みにびっくり。それならマイクロバスの方が安いと急遽変更。六月二十一日、徳島支部では四年ぶりの小旅行へ行ってきました。

思い切って参加したという顔を紅潮させた人工関節の会員のうれしそうなこと。バスの乗り降りもしやすいようにと、お風呂の椅子をステップに置いての往き帰り。温泉へ入るのも元気な人たちが手助けして湯船へ。座れない人は椅子をもらってくつろぎジュースで乾杯。山菜とアメゴの定食でお昼も楽しく、食後は自己紹介を兼ねて体験の交換会。昨年の今頃は歩きかねたのに今はこのとおりと元気な彼。初めて参加、家で寝たり起きたりの生活という若い彼女には、趣味を持って頑張りなさいと励ましの声が飛びます。大世帯の中で苦労したけど今は笑えるようになったという彼女。歩くより自転車がラクだがまだ迷っているおじいさん。不自由さを忘れて感謝の毎日というおばあさん。改めて知る一同の病歴に全員拍手。

ところでこの日は前日来の大雨洪水注意報が出っぱなしで心配しましたが、朝の八時には上がりますようにとの祈りにドンピシャと天気が回復。四時帰着まで久しぶりにホントに楽しい一日でした。

いつの日か他支部のように、どこかの温泉地で一泊の総会でもできる日が徳島にも来るでしょうねェ。徳島の皆さん、思い切って痛みを忘れてパーッと出てみませんか！

ありがとう

米田尚史の回想より

多江には天から授かった、何か人を惹きつける魅力がありました。身体的な障がいを持って生き抜いてきて、そこから培われてくる人徳というか、前向きに生きる性格です。体はどこも悪くなくて元気な人でも、皆いつ障がい者になるかわかりません。心の障がい者というのは世の中にたくさんいます。多江は誰かがちょっと何かしただけでも、その一つ一つに、

「ありがとう。」

と感謝の言葉を忘れませんでした。そんなことはなかなかできないと思います。あんな痛みの中で、あれだけの判断力を何十年も保ってきたというのは、並大抵のことではありません。

仙台から鳴門のこのど田舎へ引っ越してきた時も、相当な覚悟をしたんだろうと思います。でも住めば都。地元の事情もわからないうちから鳴門市のいろんな会合に出ていって、積極的に発言しては皆からなるほどなと思われます。地元の人たちにはそれぞれのしがらみがあって、お互いに遠慮しては事穏やかに進めようとします。そんな世界ではっきりものを

言って、それが理路整然と正しいわけですから納得させるものがあったんでしょう。地元のお偉いさんが、

「鳴門市の奴は皆あかんわ。どいつもこいつも役に立たん奴ばっかりや。言うべきこともよう言わん。はっきりもの言うんは米田多江ぐらいじゃ。」

と言っていたと、後で仲間から聞いたことがあります。

多江の顔はお父さん似、性格はお母さん似です。童顔で人に嫌味を与えない顔だからどこに行ってもすんなりと溶け込んで、いつの間にかリーダーになっています。弱音は絶対に吐きません。どんなに痛くても朝は早く起きて私が仕事に行く前に食事を作り、痛いとは一切口にしませんでした。二人でよく一緒に旅行もしました。多江が汽車の時刻表を見ながらスケジュールから何までこまめに決めて、旅行中は見たこと聞いたことを記録します。

人を導く人望があったんでしょう。子どもには好かれ、親にも信頼されました。多江が亡くなってもう十数年になりますが、もう六十歳になる昔の生徒たちが何年か前から数人で年に三、四回、食事に招待してくれるようになりました。ちょっと紅葉のきれいな時期には紅葉の名所へ連れていってくれたりと、本当にありがたいことです。

当夜、枕に目を閉じて、五十余年前の遠い昔のことをしみじみと憶い返しています。あの日ラジオを聴き、なぜ多江に手紙を出すような軽薄なことをしたのだろうと記憶をたどって

当時の心の在りようを振り返ってみました。

病も快方に向かい、再起後の生活のために進む道を模索の末、中学時代に珠算二級を取っていたこともあり、税理士を目指そうという思いになりました。まずはその受験資格である簿記一級取得をと独学一年余りで合格し、次に税理士試験科目の全書籍を買い求め、日夜勉学に励みました。

ちょうどその頃、中学時代から格別に目をかけてくれていた恩師が、

「成徳高校の講師に行けへんか。」

と臨時講師の仕事を紹介してくれました。高校出の教員の免状もないような人間に講師が務まるのかと不安を隠せない私に、恩師は、卒業前に簿記一級を取得する生徒は商業高校にも二、三人しかいない、経理全般の知識を持った者は高校教師にも少ないと思う、などと励ましてくれました。さらに、学校もそこまで高度な授業を期待していないから一応目を通しておけと、後日高校商業科の三年分の教科書を届けてくれ、その温情に涙がにじむ思いでした。その教科書を読み通すとすんなりと頭に入り、まあこれなら授業もこなせるかと紹介を受諾し、ここに三文講師が誕生しました。

その後、税理士試験を目指している人にその実態を聞きに行きました。まずは合格率が二割未満でその人も今度三度目の挑戦ということ、さらに合格後に開業しても得意先の獲得も

容易ではないことなど、話をうかがっているうちに張り詰めていた気力が萎《な》えていくのを覚えました。これより何年間か生活のために働きながら、寝食の時を惜しんで勉強すること、そのための体力、運よく合格したとしても事務所の運営は難しいことなど、いろいろと考えて何ヶ月か悩んだ末、断念することにしました。

ラジオで多江の投書が紹介されたのは、ちょうどその頃です。幼少期より障がいを抱えた身でありながら、健気に道を切り拓いてきた多江の生き方が、迷いのさ中の私の心に響き、思わずペンを執らせたのでしょう。

斯様な憶い、多江との数限りない幸せな憶い出が次々と浮かび、眠りに入ったのは午前三時をとっくに過ぎていました。

エピローグ

「皆の手記をまとめて本にしよう。」
　母と一緒に鳴門の伯父や伯母のヴァイオリンの生徒さんたちなどを訪ねては当時の様子を教えてもらい、執筆を重ねていた矢先に母が急逝してしまいました。途方と悲しみに暮れる私に温かい手を差し伸べてくれたのは叔父叔母たちです。特に小学生の時につけていた日記を提供してくれた久美子叔母、驚異的な観察力と記憶力で昔のさまざまなシーンを再現してくれた照朗叔父、校正を担当してタイトルや構成を考えてくれた従姉妹の三保子ちゃんには大変お世話になりました。
　執筆にあたり、公益社団法人リウマチ友の会の長谷川三枝子元会長には伯母が同会に投稿した文献を探していただき、ここに引用させていただくことができました。また、母が取り寄せた石森家と細谷家の戸籍、石森家の菩提寺である洞林寺に残る位牌、図書館やインターネットで調べた文献、問い合わせ先からいただいたお返事など、本文には引用できなかった資料もありますので、以下抜粋して記載します。

葛西讃岐守《さぬきのかみ》元俊　石森家先祖。天正九年没、享年七十八歳。

石森季勝《すえかつ》　繁の祖父。嘉永二年に猪狩文十郎の次男として生まれ、石森家に婿入りして妻みつとの間に四男一女をもうけました。陸軍経理部の役人で、「仙台人名大辞書」に「陸軍三等主計正、正六位勲四等に叙す」とあり、官報には明治二十年「歩兵第十四連隊第三大隊計官陸軍三等軍吏」、明治二十二年「近衛工兵中隊附陸軍二等軍吏」、明治三十年「近衛師団糧飼部主管陸軍一等軍吏」との任命記録が残っています。喜多流の能の名手でもあり、「三松」と号して晩年は謡曲を教え、大正二年十二月二十一日の「白石実業新報」に白謡会の忘年会で「仕舞」を披露したことが記載されています。明治四十一年八月十六日の河北新報には東北競馬会の設立に携わったことが載っており、地元の有志として幅広く活躍していたようです。大正八年没、享年七十一歳。

「三松」(石森季勝)

石森季勝

石森みつ（通子）　繁の祖母。嘉永四年に石森了伍とさきの長女として生まれました。大正十四年没、享年七十五歳。

石森昌輔　明治二年に季勝とみつの長男として生まれ、明治二十五年に東京法学院（現・中央大学）邦語法学科を卒業しました。卒業名簿に「宮城県士族」として名前が記載されています。明治三十五年七月没、享年三十四歳。

石森平輔　繁の父。明治五年に季勝とみつの次男として生まれ、父親と同じように陸軍経理部に出仕して明治三十四年に陸軍大臣から「陸軍三等軍吏」に任命されました。「明治過去帳」には「豫備陸軍三等主計正八位勲七等」と載っています。佐藤みどりと結婚して間もなく兄昌輔が亡くなって跡取り息子となりますが、明治三十五年十月二十九日に横浜からホノルル経由サンフランシスコ行きの貨客船「香港丸」に乗り、単独でアメリカに渡りました。乗客名簿には学生、独身、所持金四十三ドル、目的地ニューヨークと書かれています。そのまま一度も日本に帰ることなく、四十歳の若さで肺病にかかり、明治四十五年にマンハッタンのプレスビティリアン病院で亡くなりました。死亡証明書には独身、職業は家内労働者と記載されています。

当時のニューヨーク（1）にはおよそ千人の日本人が住んでいたようですが、多くの日本人が労働者として移住した西海岸とは違い、ニューヨークにはビジネスや学業を目的として来た人が多く、学歴や平均年齢も高かったそうです。でも差別や言葉の壁などの現実は厳しく、日本人は清潔で働き者だという評判のおかげで執事、ウェイター、料理人、使用人などとして日本人を雇うアメリカ人家庭が増えていたため、住み込みで食事付きの家内労働者の職に就く人がほとんどだったようです。

石森平輔

石森（若生）大四郎　明治二十七年に季勝とみつの四男として生まれ、九歳年下の甥の繁を自分の弟のようにかわいがってよく面倒を見たそうですが、明治四十二年に若生家の家督を相続しました。てるてる新聞第十三号に「松坂の若生おじ様」から贈り物が届いた話が載っています。母は「大四郎おんつぁん」と呼んでいました。

石森繁　赤ちゃんの時に誘拐されたと私に話してくれたことがありますが、一歳になって間もない明治三十七年二月に認知されて石森家に入籍しています。石森家には入籍しなかった母親から引き離され、跡取りとして連れ戻されたようです。十六歳の時に祖父季勝が亡くな

大四郎と繁、上「石森季勝邸正門」、下「石森季勝玄関前」(大正三年撮影)

り、石森家の家督を相続しました。昭和四年に発表された「熊崎式姓名学」に早くから興味を持ち、後に名前を「靖茂」と改名しました。自分の子どもたちも皆熊崎式で名付け、戦争で全員無事だったこともあり、名付け親になってくれと頼まれることがよくあったようです。オードリー・ヘップバーンの大ファンで、松竹が映画の宣伝にヘップバーンの絵を募集した時には自分で絵を描いて出し、見事入賞して映画の券をもらったそうです。小さい頃から謡曲を習っていたと思われ、子どもの婚礼には必ず「高砂」を朗々と吟じて場を引き締めたそうです。孫たちには「グラパー」の愛称で親しまれました。

スール　スザンヌ・マルテン（ヨハンナ(2)**先生）**　聖ウルスラ修道会によると、昭和十一年にカナダのケベック州より第一陣宣教女三名が仙台に到着し、聖ドミニコ女子修道会に寄留しました。ヨハンナ先生は翌年、第二陣宣教女三名の一人として仙台に着任し、北四番丁百六十二番地の旧プロテスタントの牧師館、求愛館に移り住んでいた第一陣宣教女たちと合流します。昭和十四年に木ノ下の土地を入手して翌年二月に木ノ下修道院が落成し、昭和十六年四月にはあづま幼稚園が開園しました。母は、ヨハンナ先生は戦争が始まって間もなく母国カナダに帰られたと聞かされていたようですが、実際には昭和十六年十二月八日の太平洋戦争開始と同時に修道院は家宅捜査を受け、アメリカ人とカナダ人の「聖ウルスラ会十名、聖ドミニコ会、善き牧者合わせて十二名、計二十二名の修道女と男子ドミニコ会の司祭、修道士、ラサール会の修道士、プロテスタントの牧師など総勢五十六名」は皆「敵国人」として元寺小路司教館に軟禁されてしまったのでした。後に内務省警保局の命令では抑留の対象が壮年男子だけだったことが明らかになり(3)、修道女たちの抑留は昭和十七年五月十三日にいったん解除されます。ところが翌月のミッドウェー海戦での敗北を機に戦局がさらに悪化し、同年九月の抑留強化措置によってカナダ人修道女たちは善き牧者会修道院に再び抑留されてしまいました。昭和十九年六月に抑留所が畳屋町教会司祭館に変更となり、そこで昭和二十年八月十五日、午後二時半に終戦を告げられます。同年十二月に木ノ下修道院に戻り、翌年一月に修道女全員がカナダに帰国しますが、ヨハンナ先生は昭和二十二年三月に再来日され、昭和二十三年開校の聖ウルスラ学院家庭学校、昭和三十一年開校の聖ウルスラ学院中学校、昭和三十四年開校の聖ウルスラ学院高等学校の初代校長をそれぞれ務められました。名楽堂にピアノを預けられた経緯、タイミングについては不明ですが、ヨハンナ先生は生涯日本をこよなく愛し、抑留生活の辛苦については一切語らず、抑留生活の間に好きな漢字の勉強ができたとだけおっしゃっていたそうです。

石森兄弟はその後もそれぞれの個性を生かし、我が道を歩き続けました。以下、その様子を簡略に紹介します。

石森幹朗　キャバレーが全国的に衰退していく中、四人でバンドを結成し、作並温泉のホテル「松雲閣」でビブラホーン、エレクトーン、ピアノなどを担当して演奏していましたが、ホテルがつぶれてしまいました。昭和五十年、ホテル仙台プラザの開業と同時に最上階のレストラン「メープル」でピアノのソロ演奏を始め、以後十二年続けます。それから国分町に出て十年間クラブでピアノやヴァイオリンを演奏し、さらにはスナックバー杜に備えてあったカラオケを外して電子ピアノを入れ、歌の伴奏も始めました。平成元年と平成十一年にはそれぞれ演奏活動三十周年と四十周年を記念して電力ホールでコンサートを開催。平成九年にヤマハ音楽教室の講師となって演奏よりも指導の方に力を注ぐようになり、音楽の楽しさを教え続けました。令和六年に永眠。

松浦公子　持ち前の好奇心と正義感から講座や講演会に通って勉強を続け、生涯にわたって消費者問題に取り組みました。「仙台石けんを広める会」や「宮城ダイオキシンを考える会」、水田や松くい虫防除のための農薬空中散布反対、ゴルフ場開発反対運動などを通して環境問題にも興味を広げ、新聞に投稿して掲載されては父に怒られていました。ピアノのレッスンを続けながら、たまにメープルや結婚式などで幹朗叔父のヴァイオリン演奏の伴奏をしていましたが、昭和六十一年にニューヨークの倉庫をイメージしたレストラン「ザ・ニューヨーカー」がオープンし、ヴォーカルの広瀬あけみさんとコンビを組んでステージに復帰しました。お店は残念ながら三年弱で営業終了となりますが、ちょうど父が青森に転勤になってピアノの仕事は全部辞め、仙台に戻るまでの三年間、青森での生活を満喫します。平成十年からＮＨＫ仙台文化センター定禅寺教室で講座「ジャズ・ポピュラーを唄う」を教え始め、翌年「五十歳からのピアノ教室」を加え、さらにボランティアで「工房かやの実」にピアノを教えに通い、生徒さんたちに支えられながら音楽にあふれた毎日を送りました。平成三十一年に永眠。

石森義茂　児童相談所に十年勤めた後、異動で児童自立支援施設の「さわらび学園」に移って五年、児童相談所に戻って二年、知的障害者施設の「亀亭園」に移って三年勤務し、再び児童相談所に戻ります。さらに十年勤務した後、台原の宮城障害者職業能力開発校に異動して二年勤め、定年退職。第二の職場は宮城県障害者福祉センターで、五年間働きました。退職後は民生委員や町内会長を長年にわたって務め、公務員の経験を生かして悩みごとの相談に乗ったり情報を共有したりして、地域の皆さんのために尽力しました。クラシック音楽の聴き巧者で、孫のピアノ演奏を楽しみにしていました。

レストラン「メープル」で

令和六年に永眠。

満保千重子　「一人前の職人に育てます」とパンフレットを作って中卒の住み込み五人を育成し、太助寿司は向陽台、西勝山、高松、将監と支店を増やし、二十二人の職人を抱える寿司屋に成長しました。三十一歳の時に石森恒雄さんの紹介でママレモンの全国ネットテレビコマーシャルに出演。撮影隊が来て、出演者は三十歳までというルールがあるのでと言って一度帰りましたが、再びやって来て三十回は歌わされ、謝礼に三万円いただいたそうです。昭和五十八年、国分町稲荷小路にパブ「ピエール」を開店。当初は生バンドを入れていましたが、夜中過ぎの演奏が禁止になり、カラオケに切り替えました。その後深夜営業による睡眠不足のせいか高血圧になり、健康第一と五年八ヶ月で閉店。また寿司屋に専念します。それから一時隠居生活に入りますが、再び将監に「魚菜たすけ」を開き、特製あら汁付きの寿司ランチセットを常連のお客さまにご愛顧いただいています。

佐久間久美子　昭和五十六年に千葉に引っ越し、納豆、米、水、魚などが仙台のようにおいしくないので困り、仕方なくしばらくの間は仙台納豆を四十個空便で発注して冷凍保存していました。現在は茨城のだるま食品の納豆以外は口にしません。必ず冷凍して食べる直前に半解凍し、あまりかき混ぜず、かみながら粘りと味をいただくのがこだわりです。引っ越してから弦楽アンサンブルに入り、やめていたヴァイオリンを再び始めました。その仲間の紹介で松戸シティフィルハーモニー管弦楽団にも入り、年三回ほどの演奏会に向けて練習に励みます。その五年後、今度は松戸スウィングセピアにヴォーカルで入り、月三回のステージで場数を踏みました。フリソン・ジャズ・オーケストラやアフターファイブなど他のバンドからも声掛けがあって忙しくなり、管弦楽団をやめて高砂ジャズオーケストラに入団し、十一年間歌に専念します。六十歳を機に歌をやめて管弦楽団に復帰。現在は板橋のサンシティアンサンブルにも入り、クラシックからポピュラーまで幅広いジャンルの演奏をして楽しんでいます。

石森照朗　自分がやりたいことは全部兄姉にやられてしまったので、自分にしかできないオリジナルなことをやろうとボーリング、スキー、彫刻などを手がけます。趣味が高じてか、スナックバー杜に九年勤めた後、宝章堂仙台工場のハンコ職人になりました。家のリフォームはふすまや壁紙、畳の張り替えから屋根の修理まで何でも自分でやります。小さい頃に観ていたアメリカ映画では家族が引っ越すとすぐに奥

松戸スウィングセピア

さんが壁紙を張り替えたりペンキを塗ったりするシーンがよくあり、家には大工さんやふすま屋さん、畳屋さんなどの職人さんがやってきたので、そのたびに仕事の様子をじっと観察して頭に入れていったのです。「高砂」も父親から喜多流のレコードを聞かされているうちに覚えてしまい、義妹の婚礼でデビューしました。一発屋に終わりましたが、自分も娘たちの婚礼には必ず歌ってやろうと決め、自作の子守唄を歌って感動の涙を誘いました。その後ダンスサークルに入り、さらっと覚えたらやめるつもりが深みにはまって楽しくオキシトシンを分泌させながら踊っています。ちなみに子どもの頃嫌いだった美空ひばりは結婚してから大好きになり、美空ひばり記念館にも行きました。

最後になりましたが、「鳴門のおっちゃん」こと米田尚史伯父が入院中に闘病仲間と出そうと約束した句集は、昭和五十三年に「へんろ笠」というタイトルで発行されました。平成二十七年に母と鳴門を訪問した時には、伯父はすでに生前整理をしており、句集も焼いてしまったが図書館には残っているかもしれないとのことでした。その伯父も平成三十年に永眠。その後句集について鳴門市立図書館に問い合わせたところ、阿部さんという方が詳しく調べてくださいました。

「鳴門の俳句会、鳴門一生句会が発行している『へんろ笠』(吉野十夜・樫本海図編、昭和五十三年、一九七八年発行）という句集に『米田ひさし』という名前の方の俳句が三十句ほど載っています。この句集には他に三十一人の方が作品を載せています。あとがきで編者の樫本海図氏が『死を追いこすために必死に俳句という蜘蛛の糸にすがった日から二タ昔。（中略）退院したらみんなで句集を出そうと誓った夢をここに上粋する幸せを得た。』と記述しており、発行時から二十年ほど前に入院していた方の作品が掲載されていることがわかります。上記句集の編者、樫本海図氏の遺句集『海図』（樫本繁行著、樫本淳子発行、平成九年・一九九七年発行）のあとがきには、米田ひさし氏が『結核病棟の中で、樫本海図氏と私は出遇った。そこに一生会という小さな句会が生まれた。』と記述しています。上記のことから、お探しの句集は『へんろ笠』ではないかと思われます。」

伯母が亡くなってから数年後、伯父はかわいらしい和服姿の伯母の写真を懐に忍ばせ、四国八十八ヶ所お遍路の旅に出かけました。令和四年、鳴門市立図書館に足を運んで「へんろ笠」を手にとり、伯母の写真を胸に巡礼する伯父の姿と結核病棟で俳句を考えている若き日の伯父を交互に思い浮かべながら、伯父の人生に大きな影響を与えた伯母の生き方、家族愛、音楽へとしばし思いを馳せるのでした。

（1）University of California Press E-Books Collection, 1982-2004, Tokyo Life, New York Dreams,

Chapter 2 The Japanese Immigrant in New York City

（2）ヨハンナ先生の修道名はメール　セン　ジャン・ド・ブレブフ（メールはマザーのフランス語読み）。ヨハンナはジャンのラテン語読み「ヨハネ」の女性名詞。スールはシスターのフランス語読み。

（3）小宮まゆみ『太平洋戦争下の「敵国人」抑留─日本国内に在住した英米系外国人の抑留について』、お茶の水史学四十三、一九九九年。

Segue

音楽とともに生きた家族の物語

2024年10月16日　第1刷発行

編　集　松浦友紀《まつうらゆき》

発行者　太田宏司郎

発行所　株式会社パレード

大阪本社　〒530-0021　大阪府大阪市北区浮田1-1-8

TEL 06-6485-0766　FAX 06-6485-0767

東京支社　〒151-0051　東京都渋谷区千駄ヶ谷2-10-7

TEL 03-5413-3285　FAX 03-5413-3286

https://books.parade.co.jp

発売元　株式会社星雲社（共同出版社・流通責任出版社）

〒112-0005　東京都文京区水道1-3-30

TEL 03-3868-3275　FAX 03-3868-6588

装　幀　河野あきみ（PARADE Inc.）

印刷所　中央精版印刷株式会社

ISBN 978-4-434-34432-9　C0095